TRAUNER VERLAG
GASTRONOMIE

DIDI MAIER

Cook your life

DIDI MAIER

COOK YOUR LIFE

1. Auflage 2021

Köglstraße 14, 4020 Linz, Austria

Layout und Gestaltung: Bettina Victor, Daniela Reiter

Lektorat und Produktmanagement: Claudia Höglinger, Claudia Kraml, Birgit Prammer

Korrektorat: Mag. Bettina Trauner

Coverfoto: © Caroline Auer

Fotografien: Foodstyling und Fotos: © KITCHEN STORY
Fotos von Johanna Maier und Didi Maier,
S. 224: © Michael Inmann
Fotos von Café Wernbacher, The Bakery, Didilicious,
S. 225: © Manufaktur2

Videos: Jonathan Forsthuber (Peak Motion Films)

Herstellung: Johann Sandler GesmbH & Co KG
Druckereiweg 1, 3671 Marbach

ISBN: 978-3-99113-193-9

[INHALTSVERZEICHNIS]

[VORWORT]

Cook your life soll dich unterstützen, dass dein Küchenalltag leichter, peppiger und vor allem schmackhafter wird. In diesem Buch findest du Rezepte für jede Lebenslage, sei es für einen ausgiebigen Brunch, einen romantischen Abend zu zweit, einen Männerabend oder …
Eine Rezeptsammlung nach der klassischen Menüfolge wirst du hier vergeblich suchen. Vielmehr geht es in diesem Buch um Lebenswelten.

Ich bin seit über 20 Jahren mit Leidenschaft Koch, habe unzählige Bücher von Köchen gelesen und ihre Rezepte ausprobiert. Was mich dabei immer wieder zur Verzweiflung gebracht hat, war die Kluft zwischen Schein und Sein. Da waren Fotos von Gerichten, die spektakulär aussahen und noch Spektakuläreres versprachen. Wenn man sich dann dranmachte, sie nachzukochen, war schnell Schluss mit lustig. Es waren nicht nur die Arbeitsschritte, die falsch beschrieben wurden oder gar fehlten, sondern auch die Zutaten selbst, die schwer oder überhaupt nicht erhältlich waren.

Meine Prämisse ist, dass alle Lebensmittel für meine Rezepte leicht erhältlich sein müssen. Schließlich hat man nicht den ganzen Tag Zeit (und Lust), um einzukaufen. Auch sollten wir nicht vergessen, dass es in Mitteleuropa vier Jahreszeiten gibt, die jede für sich ihre ganz speziellen Obst- und Gemüse-Highlights bietet.

Damit die Rezepte auch wirklich stimmen und für jede/n nachkochbar sind, habe ich mir einen Verlag ausgesucht, der sich u. a. auf gastronomische Bücher spezialisiert hat und stets ein strenges Auge auf die Rezepte wirft. Zusätzlich stand mir Claudia Kaml zur Seite, die alle Rezepte nochmals auf Herz und Nieren geprüft hat.

Euer Didi Maier

PS: Ich selbst bin ein Typ, der etwas sehen muss, damit er es begreift. Aus diesem Grund gibt es zusätzliche **Videoclips** zu Rezepten, die etwas tricky sind.

Lieber Didi,

man sagt ja, dass Menschen das Talent in die Wiege gelegt wird. In deinem Fall war es eine Wippe. Am 16. November 1983 kamst du zur Welt, bereits im darauffolgenden Frühjahr – mit knapp sechs Monaten – wurde die Küche zu deinem Kinderzimmer. Ich habe dich von Arbeitsplatz zu Arbeitsplatz getragen, in deiner Wippe warst du immer in meiner Nähe.

Natürlich hattest du auch sofort einen Lieblingsplatz: die Backstube. Hier wurden Kekse und Torten gebacken, es duftete nach Zimt und Vanille. Dadurch hat sich schon früh dein Geruchs- und Geschmackssinn entwickelt, beide wurden zu feinen Instrumenten, die deinen späteren Werdegang ermöglichten.

Bald war es vorbei mit der Wippe und du bist in eine Gehschule übersiedelt. Diese stand direkt neben dem großen Aquarium, aus dem mit einem Kescher die frischen Saiblinge herausgefischt wurden. Du hast sie beobachtet, ihnen beim Schwimmen und Zappeln zugesehen und sie auch gerne gestreichelt. Das war wichtig, denn dadurch bringst du bis heute allen Tieren Respekt und Wertschätzung entgegen.

Mit sieben Jahren hast du deinen ersten Gugelhupf gebacken, mit zwölf deine ersten Rezepte kreiert. Nach der Lehre folgten intensive Lehrjahre bei großen Chefs in Frankreich, Italien, Deutschland und Holland. Mit 20 warst du der Newcomer des Jahres, zweimal durften wir gemeinsam für das Königshaus in Thailand kochen – internationale Einflüsse, die allesamt deinen kulinarischen Horizont erweiterten und dich zur Kreativität inspirierten.

Es freut mich sehr, dass du trotzdem immer wieder in die Küche deiner Kindheit zurückgekehrt bist. Mit deinem Bruder Johannes und mir standest du von morgens bis abends in der Küche – die drei Maiers Seite an Seite. Zusammen waren wir erfolgreich und wir wurden oftmals ausgezeichnet. Unser Restaurant zählte zu den besten in Europa.

Heute bist du ein feinfühliger, kreativer und innovativer Koch, ein erfolgreicher Geschäftsmann, der Herausforderungen liebt, ein liebevoller Vater und ein glücklicher Ehemann. Und weil du auch einer bist, der gerne neues Terrain betritt, hast du mit deiner Frau Christina viel Zeit, Energie und Herzblut in dieses wunderschöne Kochbuch gesteckt.

Ich freue mich sehr, dass du deinen Weg gefunden hast.

In Liebe

Deine Mama

Johanna Maier

[FRÜHSTÜCKSZAUBER]

„Nur mit Kaffee rennt in der Früh schon der Schmäh!" So lautet mein Motto am Morgen. Als erklärter Koffein-Junkie beginnt mein Tag erst dann, wenn ein kleiner Schwarzer meine Kehle runterläuft. Wenn sich dann zum Kaffee noch ein frisch gebackenes Frühstückskipferl oder ein fruchtiger Pancake gesellt, kann der Tag beginnen.

Man muss ja nicht jeden Morgen ausgiebig schlemmen, aber am Wochenende darf's schon etwas üppiger sein und sich in die Länge ziehen. Dafür ist der Brunch erfunden worden.

Vor allem an verregneten Sonntagmorgen kann ein ausgiebiges Frühstück den Tag kulinarisch erhellen. Genau dafür habe ich dir ein paar echte Schätzchen zurechtgelegt, für die jeder gerne aus dem Bett hüpft!

FRÜHSTÜCKSKIPFERL

à la Didi mit Marzipan und Mandeln

40 min × 60 min × 12 min × 16

Zutaten

Hefeteig

25 g frische Hefe
70 g Kristallzucker
40 ml lauwarmes Wasser
500 g Mehl, glatt
1 gute Prise Salz
2 Dotter (Eigelb)
200 ml lauwarme Milch
80 g weiche Butter
Mehl zum Arbeiten

Füllung

200 g Marzipanrohmasse
1 Ei (Gr. M)
3 EL Milch
geriebene Mandeln zum Wälzen

1 Ei (Gr. M) und 3 EL Milch zum Bestreichen

gehobelte Mandeln, Hagelzucker oder gehackte Nüsse zum Bestreuen

Staubzucker (Puderzucker) zum Bestreuen

MIX & MATCH

Was die Füllung betrifft, sind deiner Fantasie keinerlei Grenzen gesetzt. Du kannst die Kipferl auch mit Schokolade, Nutella oder deiner Lieblingsmarmelade füllen.

1. Für den Hefeteig Hefe und Zucker in Wasser auflösen. Mehl, Salz, Dotter und Milch einrühren. Zum Schluss die Butter einarbeiten. Den Teig ca. 10 Minuten kneten, bis er eine glatte Oberfläche hat. Anschließend zu einer Kugel formen und zugedeckt 30 Minuten an einem warmen Ort gehen lassen, bis sich das Volumen verdoppelt hat.

2. Für die Füllung die Marzipanrohmasse in 16 Stücke teilen. Stücke zu ca. 4–5 cm langen Stangen rollen. Ei mit Milch verquirlen, Marzipanstangen damit befeuchten und anschließend in den Mandeln wälzen.

3. Den Hefeteig nach der Gehzeit teilen. Eine Teighälfte auf einer bemehlten Arbeitsfläche zu einem Kreis mit einem Durchmesser von ca. 35–40 cm ausrollen. Teigscheibe wie eine Pizza in 8 gleich große Dreiecke schneiden. An der Schmalseite jedes Dreiecks eine Marzipanstange auflegen und das Dreieck von der Schmalseite zur Spitze hin aufrollen. Rollen zu Kipferl formen und diese mit dem Schluss nach unten auf ein mit Backpapier belegtes Blech legen. Kipferl mit einem Tuch abdecken und an einem warmen Ort 30 Minuten gehen lassen. Diesen Vorgang mit der zweiten Teighälfte wiederholen.

4. In der Zwischenzeit den Backofen auf 180 °C Ober- und Unterhitze vorheizen. Ei mit Milch verquirlen und die Kipferl damit bestreichen. Kipferl wahlweise mit gehobelten Mandeln, Hagelzucker oder gehackten Nüssen bestreuen, ca. 12 Minuten backen und auskühlen lassen. Nicht bestreute Kipferl mit Staubzucker besieben.

FILM AB! FRÜHSTÜCKSKIPFERL LEICHT GEMACHT

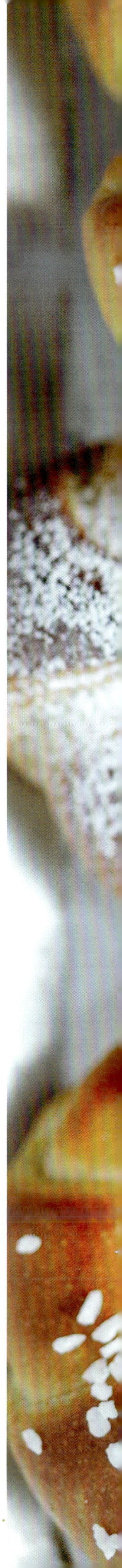

FRUCHTIGE PANCAKES

mit dem Superfood Skyr

15 min · 5 min · 3–5 min · 10

1. Alle Zutaten bis auf das Backpulver gut verrühren. Das Backpulver erst am Schluss in die Masse einrühren.
2. Die Masse für ca. 5 Minuten rasten lassen – so wird die Bläschenbildung aktiviert.
3. Butter in einer Pfanne zerlassen, für jeden Pancake ca. 1 1/2 EL Teig in die Pfanne geben und ca. 3 Minuten auf jeder Seite goldbraun backen.
4. Servieren kannst du deine Frühstücks-Pancakes je nach Lust und Laune entweder mit frischem oder getrocknetem Obst. Als Topping eignen sich auch Mandelmus oder Erdnussbutter.

Zutaten

2 Eier (Gr. M), raumtemperiert
50 g Zucker
10 g oder 2 TL Vanillepaste
80 g Skyr (oder Naturjoghurt), raumtemperiert
200 ml Milch, raumtemperiert
abgeriebene Schale von 1/2 Zitrone
230 g Mehl, glatt
1 Prise Salz
1/2 Pkg. Backpulver

Butter zum Backen
frische oder getrocknete Früchte

DIDI FACT

Skyr ist ein traditionelles Milchprodukt aus Island. Es sieht aus wie eine Mischung aus Topfen und Joghurt und hat eine leicht säuerliche Note. Aufgrund seines hohen Protein- und gleichzeitig geringen Fettgehalts ist es besonders bei Sportlern sehr beliebt.

Jetzt stellt sich nur noch die Frage: Wie spricht man „Skyr" eigentlich aus? Wer schon einmal Isländer sprechen gehört hat, ahnt es bereits. So einfach, wie sich das Wörtchen präsentiert, ist es nicht. Man spricht Skyr nämlich nicht wie das englische Wort „Sky" aus, sondern mehr wie „Ski-R". Gott sei Dank essen wir es nur …

OATMEAL

mit Birne und Buchweizen-Crunch

20 min · 4 h · 10 min · 4

Zutaten

Oatmeal

- 100 g Haferflocken, Großblatt
- 120 ml Birnensaft
- 1 Pkg. Vanillezucker
- 200 g Joghurt
- 10 g Leinsamen

Buchweizen-Crunch

- 100 g Buchweizen, ganz
- 6 TL Rapsöl
- 10 g Rohrohrzucker
- 1 Pkg. Vanillezucker
- 1 TL Zimt
- 1 Prise Salz
- 4 TL geriebene Schokolade oder Kakaopulver
- 1 Birne

1. Für das Oatmeal alle Zutaten vermengen, kalt stellen und mindestens 4 Stunden quellen lassen.

2. Für den Crunch alle Zutaten mischen. Mischung auf einem mit Backpapier belegten Backblech verteilen und bei 180 °C Ober- und Unterhitze ca. 10 Minuten goldbraun rösten. Nach dem Abkühlen eventuell überschüssigen Zimt mithilfe eines Siebes abschütteln.

3. Oatmeal in 4 Gläser füllen. Darauf je 1 TL geriebene Schokolade streuen. Birne entkernen, in Würfel schneiden und gleichmäßig auf die Gläser aufteilen. Zum Schluss mit Buchweizen-Crunch toppen.

MIX & MATCH

Wenn du mal Abwechslung brauchst, kannst du den Fruchtsaft beim Oatmeal einfach durch Milch oder eine andere pflanzliche Variante ersetzen.

OLDIE BUT GOLDIE: HAFERBREI IST IMMER NOCH DAS PERFEKTE FRÜHSTÜCK FÜR ALLE, DIE SICH FIT UND GESUND ERNÄHREN MÖCHTEN. ER LIEFERT NICHT NUR WERTVOLLE NÄHRSTOFFE, SONDERN MACHT AUCH LANGE SATT.

[WAS NERVT DICH?]

NICHTS als die nackte Wahrheit …

Am liabsten hob i mei Ruah! Es gibt Tage, wo es in der Früh schon hakt. Und diesen „Hundling" bekommst du den ganzen Tag nicht mehr los. Gott sei Dank hat mir mein Sohn Simon sein Motto verraten: „Was du nicht heute kannst besorgen, das verschiebe halt auf morgen."

GUTEN-MORGEN-SHAKES FÜR DEN SCHNELLEN START IN DEN TAG. SIE SIND EINFACH GEMACHT UND SCHMECKEN LECKER – IDEAL FÜR MORGENMUFFEL!

Cornflakes-Morning-Shakes:

CRUNCHY CHOCOLATE & CRISPY FIT

4 min | 2

Crunchy Chocolate

1. Banane schälen und zerkleinern. Banane, Mandeldrink und Haselnussnougatcreme in den Mixbehälter eines Standmixers füllen und ca. 1 Minute cremig mixen. Etwas Schokosauce entlang des Glasinnenrandes auftragen.
2. Shake in die Gläser füllen, Strohhalm und Löffel reinstecken und mit Schokoflakes und Schokosauce toppen.

Crispy Fit

1. Banane schälen und zerkleinern. Alle Zutaten in den Mixbehälter eines Standmixers füllen und ca. 1 Minute cremig mixen.
2. Shake in die Gläser füllen, Strohhalm und Löffel reinstecken und mit Cornflakes und Haferflocken bestreuen.

Zutaten

Crunchy Chocolate

1 reife Banane
200 ml Mandeldrink, ungesüßt
1 EL Haselnussnougatcreme (z. B. Nutella)

weiße und dunkle Schokoflakes
und Schokosauce zum Garnieren

Crispy Fit

1 reife Banane
200 ml Mandeldrink, ungesüßt
2 EL Leinsamen, geschrotet
1 TL Agavendicksaft

Cornflakes und Haferflocken
zum Bestreuen

CHIA-KOKOS-PUDDING

5 min | 40 min | 4

Zutaten

250 ml Kokosmilch
35 g Haferflocken
60 g Ananas, geschält (oder aus der Dose) und grob geschnitten
30 g Vanillezucker
Vanillemark von 1/2 Vanilleschote
Saft von 1/4 Zitrone
35 g Chiasamen

Nüsse bzw. Früchte zum Garnieren

1. Alle Zutaten bis auf die Chiasamen mischen und so lange pürieren, bis ein Brei entsteht. Chiasamen untermengen und im Kühlschrank ca. 40 Minuten quellen lassen.
2. Den fertigen Chia-Kokos-Pudding dekorativ mit Nüssen und Früchten in Gläser schichten.

DER CHIA-KOKOS-PUDDING IST EIN FRÜHSTÜCK FÜR WAHRE INDIVIDUALISTEN.

AUFSTEHEN IST NICHT IMMER LEICHT—WENN ABER EIN FRISCH GEBACKENES FRÜHSTÜCKSKIPFERL MIT CLEMENTINEN-INGWER-MARMELADE LOCKT, HEBT ES MICH FÖRMLICH AUS DEM BETT.

CLEMENTINEN-INGWER-MARMELADE

45 min — 6 Schraubgläser à 250 ml

Zutaten

1,3 kg Clementinen (mit Schale), kernlos
15 g Ingwer, geschält und gehackt
Saft von 1 Orange
Saft von 2 Zitronen
1 Prise Nelkenpulver
2 Pkg. Vanillezucker
2 Tropfen Pflanzenöl
500 g Gelierzucker 2 : 1

1. Die Clementinen schälen und gründlich von ihrer weißen Haut befreien. Es soll etwa 1 kg Fruchtfleisch weiterverarbeitet werden. Mithilfe eines Blenders oder Standmixers alle Zutaten bis auf das Öl und den Gelierzucker fein pürieren.

2. Das Fruchtpüree durch ein grobes Sieb passieren. Mit der halben Zuckermenge und dem Pflanzenöl einmal aufkochen lassen, danach restlichen Gelierzucker einrühren und 5 Minuten sprudelnd weiter kochen lassen.

3. Auf einem kleinen Teller die Gelierprobe machen: Dazu einen Esslöffel heiße Fruchtmasse auf dem Teller verteilen. Erstarrt die Fruchtmasse nach 1–2 Minuten Abkühlzeit, wird die Marmelade nach dem Auskühlen fest genug sein. Ist die gewünschte Konsistenz noch nicht erreicht, einfach noch 5–7 Minuten weiter köcheln lassen und die Gelierprobe wiederholen.

4. Saubere, sterilisierte Schraubgläser bereitstellen. Vor dem Abfüllen eventuell vorhandenen Schaum von der Marmelade abschöpfen. Die heiße Marmelade bis knapp unter den Rand in die vorbereiteten Gläser füllen – dabei darauf achten, dass der Rand sauber bleibt. Gläser sofort fest zuschrauben und auskühlen lassen.

DIDI FACT

2–3 Tropfen Pflanzenöl helfen, dass sich beim Kochen von Marmelade nicht zu viel Schaum bildet.

Für stark säurehaltige Früchte wie Clementinen empfehle ich einen Gelierzucker im Verhältnis 2 : 1, für weniger säurehaltige Früchte wie Erdbeeren reicht auch einer im Verhältnis 3 : 1.

[HANDARBEIT]

Teig von Hand zu kneten, fühlt sich richtig gut an. Wenn ich die Zutaten zwischen meinen Fingern zu fassen bekomme, dann ist das schon fast eine sinnliche Angelegenheit – und auch ein bisschen meditativ. Zehn Minuten, in denen ich mich voll und ganz dem Kneten widme und meinen Gedanken freien Lauf lassen kann. Der Stress wird einfach weggeknetet. Erholung pur!

Nebenbei schmecken selbstgemachte Brote einfach herrlich, genauso wie handgemachte Pasta. Natürlich kann man auch mit fertigen Nudeln aus dem Supermarkt wunderbare Pastagerichte zaubern. Wenn du aber mal etwas Zeit übrig hast, kannst du für den besonderen Genuss deine Pasta selber machen. Das ist einfacher als du denkst.

Happy

SEED-BAGELS

45 min × 90 min × 20 min × 8

Zutaten

500 g Mehl, glatt
1 Pkg. Trockenhefe
25 g Kristallzucker
8 g Salz
300 ml lauwarmes Wasser
3 EL Sonnenblumenöl
Mehl zum Arbeiten

1 EL Honig

1 Ei (Gr. M) zum Bestreichen
Sesam, Mohn, Haferflocken, Kürbiskerne etc. zum Bestreuen

DIDI FACT

Wichtig beim Formen der Bagels ist, dass das Loch in der Mitte groß genug ist, damit es sich beim anschließenden „Power Nap" nicht wieder verschließt.

1. Für den Hefeteig Mehl, Trockenhefe, Zucker und Salz mischen. Mit Wasser und Öl zu einem Teig kneten, dabei das Öl nach und nach beigeben. Ca. 8–10 Minuten weiter kneten, bis der Teig geschmeidig ist und eine glatte Oberfläche hat. Den Teig ca. 1 Stunde zugedeckt an einem warmen Ort gehen lassen.

2. Zwei Backbleche mit Backpapier belegen.

3. Den Teig auf einer bemehlten Arbeitsfläche nochmals durchkneten. Dabei sanft auseinanderziehen, damit im Teig Spannung entsteht. Teig in 8 Stücke teilen und diese zu Kugeln formen. Mit einem Kochlöffelstiel je ein Loch durch die Mitte der Kugeln bohren, dieses durch kreisende Bewegungen erweitern, bis es einen Durchmesser von ca. 5 cm hat. Teigringe auf die vorbereiteten Backbleche legen und zugedeckt ca. 30 Minuten gehen lassen.

4. Den Backofen auf 200 °C Ober- und Unterhitze vorheizen.

5. In einem großen Topf reichlich Wasser mit Honig aufkochen lassen. Dann die Hitze reduzieren, sodass das Wasser nur noch simmert. Die Bagels darin portionsweise knapp 1 Minute ziehen lassen, dabei nach einer 1/2 Minute wenden. Herausheben, abtropfen lassen und wieder auf das Blech setzen.

6. Die Bagels mit verquirltem Ei bestreichen und nach Belieben mit Sesam, Mohn, Haferflocken etc. bestreuen. Im oberen Drittel des Backofens ca. 20 Minuten goldbraun backen.

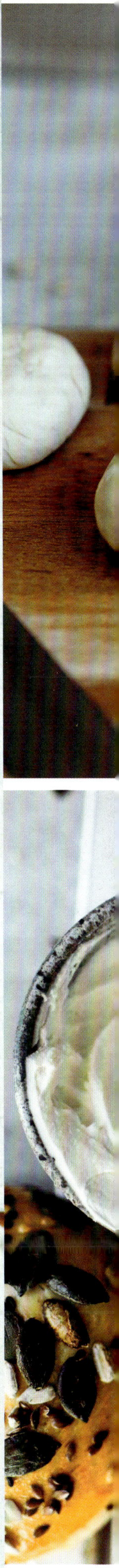

SODA-CHEDDAR-BREAD

mit Blütenbutter

55 min · 45 min · 8–10

1. Buttermilch mit Ei verquirlen. Mehl, Natron, Backpulver, Salz und Pfeffer in der Rührschüssel der Küchenmaschine mischen. Die Buttermilch-Ei-Mischung hinzufügen, alle Zutaten mit dem Knethaken zu einem glatten Teig verarbeiten. Zum Schluss den Käse löffelweise einarbeiten. Den Teig weiter kneten, bis er sich vom Schüsselrand löst.

2. Den Backofen auf 220 °C Ober- und Unterhitze vorheizen.

3. Den Teig auf einer leicht bemehlten Arbeitsfläche kurz durchkneten und zu einer Kugel formen. Teigkugel auf ein mit Backpapier belegtes Backblech setzen. Die Oberfläche kreuzweise ca. 1 cm tief einschneiden. Mit etwas Wasser bepinseln und mit etwas Mehl bestauben.

4. Den Brotteig ca. 45 Minuten backen. Gegen Ende der Backzeit eine Klopfprobe durchführen. Dazu das Brot vorsichtig mit den Handschuhen oder einem Topflappen aus dem Ofen nehmen, umdrehen und den Boden des Brotes abklopfen. Klingt das Brot hohl, ist es fertig gebacken, entsteht ein dumpfes Geräusch, muss es zurück in den Ofen und noch einige Minuten gebacken werden.

5. Für die **Blütenbutter** die Butter ca. 3 Minuten cremig rühren. Blüten und Kräuter kurz einrühren. Ein Stück Frischhaltefolie (30 x 45 cm) auflegen. Die Blütenbutter auf das untere Drittel der Frischhaltefolie geben, straff einrollen und in den Kühlschrank legen, bis die Butter fest ist. Zum Servieren in ca. 1 cm dicke Scheiben schneiden.

FILM AB! BLÜTEN-BUTTER

Zutaten

Brot

225 g Buttermilch, raumtemperiert
1 Ei (Gr. M), raumtemperiert
300 g Mehl, glatt
1 TL Natron
1 TL Backpulver
1/2 TL Salz
1 Prise Pfeffer
200 g geriebener Cheddar
Mehl zum Arbeiten

Blütenbutter

250 g weiche Butter
4 EL Blüten und Kräuter, grob gehackt (Schnittlauch samt Blüten, Stiefmütterchen- oder Veilchenblüten, Kapuzinerkresse samt Blüten etc. oder getrocknete Blüten)

MIX & MATCH

Mit einer kleinen Menge Lavendelblüten verleihst du der Blütenbutter einen noch intensiveren Geschmack.

KAROTTEN-KÖRNDL-BROT

20 min · 30 min · 50 min · 10–12 · Kastenform ca. 25 x 7 cm

Zutaten

42 g frische Hefe
420 ml lauwarmes Wasser
225 g Dinkelvollkornmehl (oder Weizenvollkornmehl)
225 g Roggenmehl
2 TL Salz
1 Prise Chili
80 g Leinsamen, braun oder gold
60 g Sonnenblumenkerne
3 EL Haferflocken
20 g Floh- oder Hanfsamen
3 EL Weißweinessig
120 g Karotten (Möhren), fein geraspelt
Butter und Mehl für die Form

3 EL Haferflocken

1. Die Form befetten und bemehlen.
2. Für den Hefeteig die Hefe im Wasser auflösen. Die restlichen Teigzutaten bis auf den Essig und die Karotten in einer Rührschüssel gründlich miteinander mischen. Essig und Karottenraspel untermengen, danach die gelöste Hefe einrühren. Den Teig kneten, bis er eine homogene Konsistenz hat.
3. Den Teig in die vorbereitete Form füllen, Haferflocken gleichmäßig auf der Oberfläche verteilen und mit einer Teigkarte leicht andrücken. Den Teig zugedeckt ca. 30 Minuten an einem warmen Ort gehen lassen.
4. Inzwischen den Backofen auf 200 °C Ober- und Unterhitze vorheizen.
5. Den Brotteig ca. 50 Minuten backen. Gegen Ende der Backzeit mithilfe der Stäbchenprobe überprüfen, ob der Brotteig gar ist. Dazu mit einem Holzstäbchen in die Mitte des Brotes stechen. Ist das Stäbchen beim Herausziehen sauber und trocken, ist das Brot fertig gebacken. Das Brot aus dem Backofen nehmen, mit einem Tuch bedecken und auskühlen lassen. Anschließend stürzen und in Scheiben schneiden.

MIX & MATCH

Bei Glutenunverträglichkeit verwende für den Brotteig einfach glutenfreies Mehl, wie z. B. Maismehl oder Teffmehl. Letzteres wird aus der Zwerghirse gewonnen. Teffmehl ist zwar glutenfrei, hat aber im Gegensatz zu anderen glutenfreien Mehlen trotzdem genug Bindekraft für Teige.

DIESES BROT MIT BUTTER UND
SCHNITTLAUCH — DAS GANZ
GROSSE GLÜCK!

PIZZA BIANCA

mit Kürbis

35 min × 30 min × 15 min × 4

Zutaten

Hefeteig

21 g frische Hefe
250 ml lauwarmes Wasser
400 g Mehl, glatt
3 EL Olivenöl
1 Prise Salz

Mehl zum Arbeiten
Olivenöl zum Bestreichen

Belag

125 g Crème fraîche mit Kräutern
4 EL Milch
1/2 Hokkaido-Kürbis, entkernt und in dünne Scheiben geschnitten
2 rote Zwiebeln, geschält und in dünne Scheiben geschnitten
150 g Feta, grob zerkrümelt
Kapern
schwarze Oliven
Salz, Pfeffer
2 Zweige Rosmarin, abgerebelt

1. Für den Hefeteig die Hefe im lauwarmen Wasser auflösen. Mit Mehl, Olivenöl und Salz zu einem glatten Teig kneten. Teig zugedeckt ca. 30 Minuten an einem warmen Ort gehen lassen.

2. Den Backofen auf 220 °C Ober- und Unterhitze vorheizen.

3. Den Teig auf einer bemehlten Arbeitsfläche ausrollen und anschließend vorsichtig auf ein mit Backpapier belegtes Backblech setzen.

4. Für den Belag Crème fraîche mit Milch glatt rühren. Dann die Teigfläche bis knapp zum Rand damit bestreichen. Kürbis, Zwiebeln, Feta, Kapern, Oliven darauf verteilen und mit Salz und Pfeffer würzen.

5. Teigrand mit Olivenöl bepinseln, Pizza ca. 15 Minuten goldbraun backen und mit Rosmarin garnieren.

MIX & MATCH

Was den Belag betrifft, hast du je nach Saison und Vorliebe die Qual der Wahl. Von A wie Artischocke bis Z wie [illegible] von herzhaft bis süß. Das Mehl lässt sich zur Hälfte durch Weizen- oder Dinkelvollkornmehl ersetzen.

MIX & MATCH
Die Gyozas sind nicht heikel, was die Füllung betrifft. So kannst du anstelle der Garnelen auch Puten- oder Schweinefleisch oder ausschließlich Gemüse verwenden.

Gebratene

GYOZA-TASCHERL

60 min · 15 min · 4

1. Für den Teig Mehl und Maisstärke in der Rührschüssel der Küchenmaschine mischen. Wasser mit Salz erhitzen. Die Küchenmaschine mit dem Knethaken auf mittlerer Knetstufe einschalten. Das heiße Salzwasser langsam in die Mehl-Maisstärke-Mischung einfließen lassen. So lange kneten, bis der Teig glatt ist und sich vom Schüsselrand löst. Teig in Frischhaltefolie wickeln und ca. 15 Minuten rasten lassen.

2. Für die Füllung alle Zutaten schälen bzw. putzen und fein hacken. Mit Sojasauce und den restlichen Zutaten abschmecken, kurz ziehen lassen.

3. In der Zwischenzeit den Teig mit einer Nudelmaschine oder einem Rollholz auf einer leicht bemehlten Arbeitsfläche ca. 2 mm dünn ausrollen. Mit einem Ausstecher oder einem Glas ca. 10 cm große Kreise ausstechen. Einen gehäuften Teelöffel Füllung in die Mitte der Teigscheiben setzen. Teigränder mit Eiklar bestreichen, zusammenklappen, den Rand mit den Fingern andrücken und mit einer Gabel fest verschließen.

   Fürs Füllen und Verschließen dieser japanischen Teigtascherl brauchst du flinke Hände, damit der Teig nicht austrocknet und dann bricht. Schaue dir dazu am besten mein Video an!

4. Anschließend die Gyozas in heißem Öl ca. 1 Minute auf jeder Seite goldbraun anbraten. 3 EL Wasser hinzufügen, Pfanne mit einem Deckel verschließen und ca. 2 Minuten fertig dämpfen.

5. Inzwischen für die Asiasauce alle Zutaten gemeinsam aufkochen und kurz weiter köcheln lassen, bis die Sauce etwas eindickt. Die Gyoza-Tascherl mit der Sauce und Salat servieren.

Zutaten

Teig

250 g Mehl, glatt
25 g Maisstärke
ca. 150 ml Wasser
1/2 TL Salz
Mehl zum Arbeiten

Füllung

1 Karotte (Möhre)
300 g Weißkraut (Weißkohl)
5 g frischer Ingwer
1/2 Zwiebel
1 Knoblauchzehe
5 Garnelen, entdarmt
2 EL Sojasauce
Salz, Pfeffer
Saft von 1/2 Limette zum Abschmecken
Eiklar (Eiweiß) zum Bestreichen
Pflanzenöl zum Anbraten

Asiasauce

2 EL Sojasauce
3 EL Reiswein (Mirin)
2 EL Sushi-Essig
2 EL Sesamöl
1 EL Ahornsirup

Frisée- und Vogerlsalat (Feldsalat)

FILM AB! GYOZA-TASCHERL – DER KLEINE TRICK

PASTA-TEIG

10 min | 30 min | 4 als Hauptspeise

Zutaten

250 g Mehl, doppelgriffig
1 Ei (Gr. M)
5 Dotter (Eigelb)
1 Prise Salz
1 EL Olivenöl
1 EL Wasser

Öl zum Befetten
Mehl zum Arbeiten

1. Alle Zutaten mit einem Knethaken ca. 10 Minuten zu einem geschmeidigen Teig verarbeiten. Teig mit Olivenöl bepinseln, in Frischhaltefolie wickeln und ca. 30 Minuten im Kühlschrank rasten lassen.

2. Danach kann der Teig auf einer bemehlten Arbeitsfläche zu jeder beliebigen Pasta verarbeitet werden.

Und noch eins: Schrecke Pasta bitte niemals in kaltem Wasser ab. Nudeln sind recht kontaktfreudig. Wenn du sie aber kalt abduscht, sind sie für Saucen nicht mehr aufnahmewillig.

DIDI FACT

Selbstgemachte Nudeln benötigen weniger Zeit zum Kochen. Wenn du die Nudeln al dente magst, sollten sie nicht länger als 2 ½ Minuten kochen.

FILM AB! RAVIOLI SELBSTGEMACHT

„ICH DENKE IMMER WIEDER GERNE AN MEINE ZEIT IN EINEM RESTAURANT IM ITALIENISCHEN GRADO ZURÜCK, WO DIE GANZE FAMILIE MIT VIEL TEMPERAMENT UND LEIDENSCHAFT, ABER OHNE CHICHI, GEKOCHT HAT. SELBST DIE OMA HAT BEIM PASTAMACHEN MITANGEPACKT.

KARTOFFELTEIG

für Kartoffelknopferl

40 min | 25 min | 4 als Beilage

1. Kartoffeln schälen, halbieren und ca. 20 Minuten in kochendem Salzwasser weich kochen.
2. Noch heiß durch ein Sieb streichen oder durch eine Kartoffelpresse drücken. Mit den restlichen Zutaten zu einem Teig verarbeiten.
3. Teig auf einer bemehlten Arbeitsfläche in fingerdicke Stränge rollen, Stränge in 2 cm lange Stücke schneiden.
4. Reichlich Salzwasser zum Kochen bringen, Teigstücke einlegen, für ca. 3 Minuten bei mittlerer Hitze köcheln lassen, bis sie an die Oberfläche steigen. Mit einem Schaumlöffel aus dem Wasser nehmen, abtropfen lassen und vor dem Servieren in heißer Butter goldbraun anbraten.

Zutaten

300 g mehlige Kartoffeln
80–100 g Mehl, doppelgriffig
2 Dotter (Eigelb)
1 Prise Muskatnuss
1 Prise Salz

Mehl zum Arbeiten
Butter zum Anbraten

DIDI FACT

Kartoffelknopferl eignen sich super als Beilage für Schmorgerichte und sind die idealen Partner für Tomaten-, Bärlauch- oder Kürbissauce. Auch mit Käse überbacken und mit grünem Salat sind die Knopferl zum Niederknien.

GNOCCHI-TEIG

45 min · 25 min · 4 als Beilage

Zutaten

200 g mehlige Kartoffeln
75 g Hartweizengrieß
25 g Mehl, griffig
1 Dotter (Eigelb), raumtemperiert
20 g Maisstärke
50 g Frischkäse natur, raumtemperiert
Salz, Pfeffer
1 Prise Muskatnuss

Mehl zum Bearbeiten

1. Kartoffeln in kochendem Salzwasser ca. 20 Minuten weich kochen, schälen und noch heiß durch ein Sieb streichen oder durch eine Kartoffelpresse drücken. Passierte Kartoffeln mit den restlichen Zutaten rasch zu einem glatten Teig verarbeiten.

2. Teig auf einer bemehlten Arbeitsfläche zu 5 Kugeln formen, Kugeln in fingerdicke Stränge rollen. Von den Strängen mit einer Teigkarte 1,5 cm lange Teigstücke abtrennen. Mit der Rückseite einer Gabel das charakteristische Gnocchi-Muster in die Teigstücke drücken.

3. Reichlich Salzwasser zum Kochen bringen, Gnocchi einlegen, bei mittlerer Hitze ca. 3 Minuten köcheln lassen, bis sie an der Wasseroberfläche schwimmen. Mit einem Schaumlöffel aus dem Wasser nehmen, abtropfen lassen und vor dem Servieren kurz in heißer Butter oder Olivenöl schwenken.

NATÜRLICH ÄHNELN SICH DIE TEIGE FÜR KARTOFFELKNOPFERL UND FÜR GNOCCHI, ABER HALT DOCH NICHT GANZ. WER EIN FAN VON BELLA ITALIA IST, WIRD MIT DEN GNOCCHI AUCH EIN WENIG DOLCE VITA SERVIEREN. WER ES LIEBER ETWAS DEFTIGER MAG, IST MIT DEN KARTOFFELKNOPFERLN BESTENS BEDIENT.

WAS KOCHST DU AM LIEBSTEN?

NICHTS als die nackte Wahrheit …

Ganz ehrlich? Am besten ist es, wenn ich von meiner Frau bekocht werde. Wenn ich es mir aussuchen kann, dann am liebsten Pasta. Pasta geht immer! Und sie geht in der Regel schnell und schmeckt jedem.

DIDI MAIER

COOK YOUR LIFE

[KRAFTPAKETE]

In der Arbeit ist die Hölle los? An eine Mittagspause in der Kantine oder einen Abstecher in den Laden ums Eck ist nicht zu denken?

Wenn alle Zeichen auf Sturm stehen und der Magen so laut knurrt als hättest du ein Raubtier verschluckt, sind selbst zubereitete Snacks die wahren Lebensretter.

Mein Dattel-Nuss-Brot zum Beispiel ist ruckzuck gebacken, schmeckt sensationell, passt in jede Snack-Box, füllt leere Energiereserven auf und wirkt obendrein beruhigend auf ein strapaziertes Nervenkostüm. Eine ähnliche Wirkung haben auch die ofenfrischen Flapjacks mit Bananen und Haferflocken oder die Power-Dinkel-Weckerl.

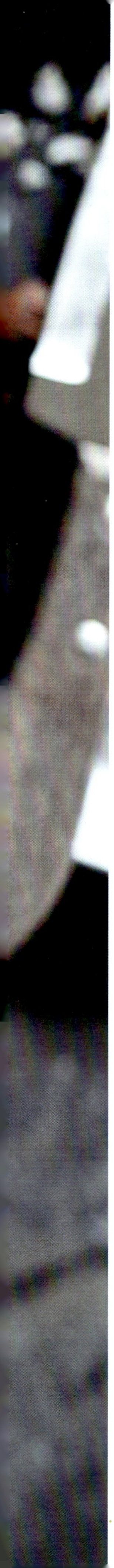

DATTEL-NUSS-BROT

aus 1001 Nacht

25 min	40 min	20 min	8–10	Kastenform ca. 25 x 7 cm

1. Die Datteln 15–20 Minuten in lauwarmem Wasser einweichen. Danach abtropfen lassen und fein hacken.
2. Den Backofen auf 170 °C Ober- und Unterhitze vorheizen. Die Kastenform befetten und bemehlen.
3. Butter mit Zucker verrühren, bis der Zucker gelöst ist. Milch hinzufügen. Natron, Backpulver und Essig untermengen. Alle Gewürze, Aromen, Pistazien, Walnüsse und die gehackten Datteln unterrühren.
4. Zum Schluss das Mehl und eventuell den Rum vorsichtig einarbeiten. Den Teig in die vorbereitete Form füllen, mit den Haselnusshälften bestreuen und ca. 40 Minuten backen.
5. 20 Minuten in der Form auskühlen lassen, stürzen, umdrehen und mit etwas Honig und Staubzucker dekoriert servieren.

Zutaten

200 g Datteln, entsteint
40 g flüssige Butter
60 g Rohrohrzucker
300 ml Milch
1 EL Natron
1 EL Backpulver
1 EL Apfelessig
1 TL Vanilleextrakt
1 Prise Nelkenpulver
1 Prise Zimt
25 g Pistazien, fein gehackt
50 g Walnüsse, grob gehackt
250 g Mehl, glatt
evtl. 1 Schuss Rum
Haselnüsse, halbiert

Butter und Mehl für die Form

Honig
Staubzucker (Puderzucker)

ALLEIN DER DUFT DIESES BROTES HEBT DIE STIMMUNG IMMENS – VOR ALLEM WENN ES DRAUSSEN KALT UND REGNERISCH IST. WENN DANN NOCH EINE HEISSE TASSE CHAI LATTE DAZU SERVIERT WIRD, IST DIE WELT WIEDER IN ORDNUNG. DER WINTER KANN KOMMEN!

FLAPJACKS

mit Bananen und Haferflocken

20 min | 20–25 min | 9 | Backform ca. 23 x 23 cm

Zutaten

350 g Haferflocken, Großblatt
30 g Kokosraspel
30 g Leinsamen, ganz
30 g Pistazien, geschält und gehackt
30 g getrocknete Cranberrys, gehackt
1 Pkg. Vanillezucker
2 1/2 TL Zimt
4 Bananen, reif bis überreif
5 EL Kokosöl
4 EL Honig

1. Den Backofen auf 180 °C Ober- und Unterhitze vorheizen. Die Backform mit Backpapier auskleiden.
2. Für die Masse Haferflocken, Kokosraspel, Leinsamen, Pistazien, Cranberrys, Vanillezucker und Zimt mischen.
3. Bananen schälen und in gleichmäßig dicke Scheiben schneiden. 9 schöne, gleich große Scheiben beiseitelegen.
4. Kokosöl mit Honig sanft erhitzen, restliche Bananenscheiben beigeben und erwärmen. Anschließend mit einer Gabel leicht zerdrücken und ca. 3 Minuten köcheln lassen, bis ein dickflüssiger Brei entsteht.
5. Bananen-Honig-Brei zum Haferflockenmix geben und gut miteinander vermengen.
6. Masse in der vorbereiteten Form gleichmäßig verteilen. Die Backform gedanklich in 9 Flapjacks (also Stücke) teilen und je eine der beiseitegelegten Bananenscheiben mittig darauflegen.
7. Masse ca. 20–25 Minuten backen, danach in der Form auskühlen lassen. In 9 gleich große Stücke schneiden und servieren.

MIX & MATCH

Auch hier kannst du mit Zutaten wie Nüssen, Beeren, Schokolade, Kakao-Nibs etc. jonglieren. Für die vegane Variante verwendest du anstelle von Honig einfach Agavendicksaft oder Ahornsirup.

POWER-DINKEL-WECKERL

mit Cranberrys und Nüssen

20 min | 100 min | 25 min | 16

1. Wasser aufkochen lassen, Sesam und Leinsamen damit übergießen, Samen mindestens 1 Stunde oder über Nacht weichen lassen.
2. Hefe und Zucker in lauwarmem Wasser auflösen. Mit Dinkelmehl, Mehl, Salz und Öl zu einem glatten Teig kneten. Zum Schluss Haselnüsse, Pistazien, Cranberrys und eingeweichte Samen einarbeiten. Teig bei Raumtemperatur oder im Backofen bei 30 °C 30 Minuten gehen lassen.
3. Den Teig auf einer bemehlten Arbeitsfläche in gleich große Stücke teilen und diese zu Weckerln formen. Weckerl auf ein mit Backpapier belegtes Backblech legen und 10–15 Minuten zugedeckt gehen lassen.
4. Inzwischen den Backofen auf 200 °C Umluft vorheizen.
5. Weckerl mit etwas Wasser bestreichen, mit Sesam bestreuen oder mit etwas Mehl bestauben und ca. 25 Minuten backen.

Zutaten

10 g Sesam
10 g Leinsamen
100 g Wasser

21 g Frischhefe (oder 1 Pkg. Trockenhefe)
1 TL Kristallzucker
400 g lauwarmes Wasser
550 g Dinkelmehl
200 g Mehl, glatt
13 g Salz
1 EL Olivenöl
40 g Haselnüsse, gehackt
30 g Pistazien, gehackt
50 g getrocknete Cranberrys, gehackt

Wasser zum Bestreichen
etwas Sesam oder Mehl zum Bestreuen

[WOHER HOLST DU DIR ENERGIE, WENN DU MAL DOWN BIST?]

NICHTS als die nackte Wahrheit …

Wenn ich mal wirklich geschafft bin, gehe auf Tauchkurs, also down under. Damit meine ich nicht, dass ich undercover unterwegs bin, sondern dass ich schwimmen gehe. Wasser ist mein Element, Schwimmen meine Leidenschaft. Wenn ich ins Wasser springe, kann ich spüren, wie auf einmal alles leicht wird. Das Wasser verschluckt die Geräusche und ich komme wieder zu mir selbst. Am schönsten ist es natürlich, wenn ich in einen Bergsee tauchen kann.

Power-Booster:

GOLDEN SUNRISE & GREEN GECKO

jeweils 5 min · 2

Zutaten

Golden Sunrise

140 g Honigmelone
300 ml Maracujamolke
Saft von 1 Orange

Golden Sunrise

1. Honigmelone halbieren, Kerne mit einem Löffel entfernen. Melonenhälften schälen, Fruchtfleisch in kleine Stücke schneiden.
2. Alle Zutaten in den Mixbehälter eines Standmixers füllen und ca. 2 Minuten mixen, bis der Power-Booster eine cremige Konsistenz hat. Sofort in Gläser füllen.

Green Gecko

40 g Mangold (oder Blattspinat)
15 g Stangensellerie
400 ml Apfelsaft
5 g Ingwer
1 reife Banane
Saft von 1/4 Zitrone

Green Gecko

1. Mangold und Stangensellerie waschen, putzen und grob schneiden. Ingwer schälen und fein reiben. Banane schälen und zerkleinern.
2. Alle Zutaten in den Mixbehälter eines Standmixers füllen und ca. 2 Minuten mixen, bis der Power-Booster die gewünschte Konsistenz hat. Sofort in Gläser füllen.

DER GREEN GECKO IST EIN
FABELHAFTER ENERGIELIEFERANT
VOR DEM WORK-OUT.

DIESE TACOS SIND LAKTOSE-, GLUTEN- SOWIE ZUCKERFREI UND OBENDREIN NOCH VEGAN.

Low-Carb

LEINSAMEN-TACOS

35 min · 8

1. Wasser mit Salz aufkochen. Leinsamen langsam einrühren, dabei die Hitze reduzieren. Unter ständigem Rühren köcheln lassen, bis das Wasser verdampft und eine breiartige Masse entstanden ist. Die Masse auf einem flachen Teller verteilen und im Kühlschrank gut durchkühlen lassen.

2. Anschließend die Masse mit einem Nudelholz zwischen zwei Bögen Backpapier dünn ausrollen. Den oberen Bogen entfernen. Mithilfe einer Kaffeeuntertasse oder Ähnlichem Kreise mit ca. 13–15 cm Durchmesser aus der Masse schneiden.

3. Die Tacos ohne Zugabe von Fett in einer stark erhitzten Pfanne auf jeder Seite 2 Minuten anbraten. Noch heiß über einen Kochlöffelstiel oder Ähnliches legen und mittig falten, sodass sie die typische Taco-Form bekommen.

4. Fülle die Tacos mit Frischkäse, Hummus oder Dip und frischem Gemüse deiner Wahl.

Zutaten

220 ml Wasser
1 Prise Salz
150 g Leinsamen, geschrotet
1/2 TL Gewürzmischung (je nach Geschmack orientalisch, mediterran etc.)

Fülle

Frischkäse
Hummus
Dip (zu finden auf S. 206 ff.)
frisches Gemüse deiner Wahl

DIDI FACT

Bleiben beim Ausschneiden der Tacos Reste übrig, kannst du diese angebraten und grob gebrochen als Cracker servieren.

[FAMILY AFFAIR]

Gleich ist es wieder so weit. Kleiner und großer Uhrzeiger richten sich senkrecht nach oben. Hunger ist im Anmarsch. Die meistgestellte Frage meiner Jungs um diese Tageszeit lautet: „Was gibt es heute zu essen, Papa?" Spätestens jetzt ist klar, dass ich in absehbarer Zeit für zufriedene Gemüter sorgen muss. Und wie ginge das einfacher als mit überbackenen Cannelloni in würziger Tomatensauce oder Frittata mit Mozzarella und Speck?

Ist der Hunger meiner Jungs fürs Erste gestillt, stellt sich kurz darauf schon wieder Appetit ein: dieses Mal auf Süßes. Ich weiß nicht, wie du darüber denkst, aber manchmal glaube ich, dass Kinder einen separaten Magen für Süßes haben. Und weil Obst keinesfalls fehlen soll, serviert uns Christina, die beste aller Frauen, knusprige Apfelradl mit Zimt, Zucker und einer Kugel Vanilleeis zum Nachtisch – herrliches Obst, das schmeckt!

FRITTATA

mit Mozzarella und Speck

25 min | 20 min | 4

ZUTATEN

3 EL Olivenöl
8 Scheiben Frühstücksspeck (Bacon)

2–3 speckige (festkochende) Kartoffeln
1 rote Zwiebel
8 Eier (Gr. M)
100 ml Milch
Salz, Pfeffer
1 Prise Muskatnuss
100 g Mozzarella, fein gewürfelt
1 EL Petersilie, gehackt

1 Handvoll frische Kräuter zum Garnieren

MIX & MATCH
Für die Veggie-Variante kannst du statt Speck ein paar Pilze oder Spargel anbraten.

1. In einer ofenfesten Pfanne Speckscheiben in heißem Olivenöl ca. 5 Minuten knusprig braten. Speckscheiben anschließend auf einigen Lagen Küchenrolle abtropfen lassen. Die Pfanne mit dem Bratensatz weiter verwenden.
2. Kartoffeln und Zwiebel schälen und in ca. 5 mm dicke Scheiben schneiden. Kartoffeln im Bratensatz ca. 10 Minuten unter Wenden anbraten. Zwiebelscheiben beimengen und weitere 5 Minuten braten, bis die Zwiebel glasig ist und die Kartoffeln beidseitig leicht gebräunt sind.
3. Den Backofen auf 180 °C Ober- und Unterhitze vorheizen.
4. Eier mit Milch verquirlen und mit Salz, Pfeffer und Muskatnuss würzen. Eiermasse über die Kartoffel-Zwiebel-Mischung in die Pfanne gießen, den Speck darauf verteilen und mit Mozzarella und Petersilie bestreuen.
5. Die Frittata im Backofen ca. 20 Minuten backen. Mit Kräutern garniert servieren.

CANNELLONI

mit Blattspinat, Kräuterfrischkäse und Tomatensauce

35 min × 40–45 min × 4 × Auflaufform ca. 30 x 20 cm

1. Für die Füllung den Blattspinat auftauen lassen.
2. Für die Tomatensauce Olivenöl in einer Pfanne erhitzen, Zwiebel und Knoblauch darin glasig anschwitzen. Paprikapulver hinzufügen, einmal durchrühren, Tomatenmark beigeben und mitrösten. Tomatenstücke dazugeben und alles gut erhitzen. Mit Schlagobers aufgießen, mit einer Prise Zucker, Salz und Pfeffer würzen und ca. 5 Minuten weiter köcheln lassen.
3. In der Zwischenzeit den Spinat gut ausdrücken und fein hacken. Kräutertopfen und Crème fraîche unter den Spinat rühren, Füllung mit Muskat, Salz und Pfeffer abschmecken.
4. Den Backofen auf 180 °C Ober- und Unterhitze vorheizen und die Form befetten.
5. Spinatfüllung in einen Spritzsack mit großer Lochtülle füllen. Cannelloni einzeln damit befüllen und eng aneinander in die vorbereitete Form legen, mit Tomatensauce bedecken, mit Kräutergewürz bzw. Kräutern und Gouda bestreuen. Cannelloni ca. 40–45 Minuten im Ofen goldbraun backen, mit Basilikumblättern garnieren und sofort servieren.

DIDI FACT

Du kannst natürlich auch frischen Blattspinat verwenden. Diesen musst du aber vorher blanchieren, also kurz mit heißem Wasser überbrühen. Anschließend sollte der Spinat sofort mit kaltem Wasser abgefrischt werden, bis er wirklich ausgekühlt ist. Nur so behält er seine schöne grüne Farbe.

ZUTATEN

1 kg Blattspinat, tiefgekühlt
3 EL Olivenöl
1 Zwiebel, geschält und fein geschnitten
3 Knoblauchzehen, geschält und fein gehackt
2 TL Paprikapulver
2 EL Tomatenmark
400 g Tomatenstücke aus der Dose
250 ml Schlagobers (Schlagsahne)
1 Prise Zucker
Salz, Pfeffer
300 g Kräuterfrischkäse bzw. Kräutertopfen (Kräuterquark)
125 g Crème fraîche mit Kräutern
1 Prise Muskatnuss

ca. 250 g Cannelloni, ungekocht (24 Rollen)
200 g Gouda, gerieben
Kräutergewürz nach Belieben und Geschmack (siehe S. 226) bzw. getrocknete mediterrane Kräuter
Butter für die Form

Basilikumblätter zum Garnieren

[WAS BEDEUTET GLÜCK FÜR DICH?]

NICHTS als die nackte Wahrheit …

Da geht es mir wie allen anderen auch. Zeit mit der Familie und Gesundheit sind wahrscheinlich die wichtigsten Punkte. Glück gibt's nicht als Fertiggericht, das haben wir gelernt.

Mal im Ernst, wahres Glück erfahre ich bei den kleinen Dingen des Lebens. Große Zufriedenheit und Freude stellen sich bei mir ein, wenn ich zum Beispiel sonntags mit meiner Familie einen Radausflug mache und wir wie eine Entenfamilie in Reih und Glied unterwegs sind.

KALBSRAHMGULASCH

mit Kürbis und Topfennockerl

45 min · 30 min · 40 min · 4

ZUTATEN

Gulasch

800 g Kalbfleisch (Schulter)
200 g Zwiebeln
2 Knoblauchzehen
2 Karotten (Möhren)
120 g Sellerie
2 EL Paprikapulver
2 1/2 TL Gulaschgewürz (siehe S. 226)
1 EL Salz
1 1/2 EL Butterschmalz
2 EL Tomatenmark
100 ml trockener Weißwein
350 ml Rindsuppe (Rinderbrühe)
250 ml Schlagobers (Schlagsahne)
400 g Butternuss- oder Hokkaidokürbis, geschält und entkernt
Salz, Pfeffer

Topfennockerl (Quarkspätzle)

250 g Mehl, doppelgriffig
250 g Topfen (Quark)
4 Eier (Gr. M)
3 Dotter (Eigelb)
1 Prise Salz
1 Prise Muskatnuss
Butter zum Schwenken
1 Bund Schnittlauch, fein geschnitten

1. Für das Gulasch Kalbfleisch in ca. 2 cm große Würfel schneiden. Zwiebeln, Knoblauch, Karotten und Sellerie schälen und in Würfel schneiden. Anschließend das Fleisch mit der Hälfte des Paprikapulvers sowie mit Gulaschgewürz und Salz würzen.

2. Butterschmalz erhitzen. Zwiebel und Knoblauch darin bei mittlerer Hitze glasig dünsten. Fleischwürfel hinzufügen und alles 3–5 Minuten unter ständigem Rühren anbraten. Restliches Paprikapulver und Tomatenmark einrühren, mit Weißwein ablöschen, Rindsuppe und Schlagobers hinzufügen und das Gulasch zugedeckt bei niedriger Hitze ca. 30 Minuten köcheln lassen. Zwischendurch immer wieder umrühren.

3. Inzwischen das Kürbisfleisch in ca. 2 cm große Würfel schneiden. 10 Minuten vor Ende der Garzeit die Kürbiswürfel dem Gulasch beimengen. Abschließend mit Salz und Pfeffer abschmecken.

4. Für die Topfennockerl Mehl, Topfen, Eier, Dotter und Gewürze zu einem glatten Teig rühren. Den Teig zugedeckt ca. 30 Minuten rasten lassen, dann durch ein Spätzlesieb in kochendes Salzwasser streichen. Nockerl ca. 2 Minuten simmern lassen, bis sie an der Oberfläche schwimmen. Anschließend abgießen und kalt abschrecken. Vor dem Servieren in zerlassener Butter schwenken und mit Schnittlauch bestreuen.

DIDI FACT

In Gulasch und Sauce Bolognese gehören für mich Sellerie und Karotten. Der Sellerie macht das Ganze schön würzig und die Karotten verleihen dem Gulasch eine leicht süßliche Note.

MIX & MATCH

Für die vegetarische Variante ersetze das Fleisch einfach durch Kürbis und reduziere die Brat- bzw. Garzeiten auf die Hälfte.

PIADINA ALPINA

20 min | 4–5 min | 4

1. Den Backofen auf 180 °C Ober- und Unterhitze vorheizen.
2. Paprika waschen und entkernen. Alle Zutaten in kleine Stücke schneiden, miteinander vermengen und würzen.
3. Tortilla-Fladen damit füllen und in der Mitte zusammenklappen. Piadine flach drücken, ohne dass dabei die Füllung verloren geht.
4. In einer Pfanne Olivenöl erhitzen. Zwei Piadine hineinlegen, Hitze reduzieren, auf mittlerer Stufe beidseitig ca. 1–2 Minuten goldbraun anbraten, anschließend auf ein mit Backpapier belegtes Backblech legen. Mit den anderen beiden Piadine ebenso verfahren.
   Alle Piadine ca. 4–5 Minuten im Backofen fertig backen.
5. Piadine in der Mitte durchschneiden und mit Guacamole oder Tsatsiki (siehe S. 208) servieren.

ZUTATEN

1 gelber Paprika
1 roter Paprika
8 Scheiben Prosciutto
4 marinierte Artischocken, abgetropft
10 schwarze Oliven, kernlos, abgetropft
8 getrocknete Tomaten, abgetropft
ca. 50 g Rucola, gewaschen
250 g Feta (oder geriebener Parmesan)
mediterrane Gewürzmischung nach Geschmack und Belieben
Salz, Pfeffer
4 weiche Tortilla-Fladen

Olivenöl zum Backen

DIDI FACT

Wenn es ans Füllen der Piadine geht, sind deiner Fantasie keine Grenzen gesetzt. Nimm deine Lieblingszutaten und tob dich aus!

KOKOSMILCHREIS

mit Traubencoulis

15 min · 35 min · 4

ZUTATEN

Kokosmilchreis

800 ml Kokosmilch
200 ml Birnensaft
1/2 TL Salz
1 Vanilleschote, ausgekratzt
250 g Milchreis

Traubencoulis

300 g Trauben, gemischt
2 EL Honig
Saft von 1/2 Zitrone

Zimt
Kristallzucker
4 Zweige Minze

1. Für den Milchreis Kokosmilch mit Birnensaft verrühren und aufkochen lassen. Salz, Vanillemark und Milchreis einrühren und bei geringer Hitze 30 Minuten leicht köcheln lassen. Dabei gelegentlich umrühren, damit die Masse nicht anbrennt. Die Herdplatte abschalten und den Milchreis ca. 5 Minuten zugedeckt nachziehen lassen.

2. Für das Coulis die Trauben waschen, trocken tupfen und von den Stielen befreien. Trauben mit Honig und Zitronensaft bei mittlerer Hitze kurz aufkochen und unter Rühren ca. 5 Minuten sanft weiter köcheln lassen.

3. Den Milchreis mit Zimt und Zucker bestreuen, das Traubencoulis daraufgeben und mit Minzblättern garnieren.

MEIN PERSÖNLICHER FAVORIT IST MILCHREIS MIT GOLDBRAUN ANGEBRATENEN ANANASSTÜCKCHEN.

[WELCHER KOCH IST DEIN IDOL UND WARUM?]

NICHTS als die nackte Wahrheit …

Ich habe keine Kochidole, da wir Köche alle ziemlich durchgeknallt sind. Mir kommt es jedenfalls darauf an, dass Köche ihre eigene Handschrift haben und nicht nur Rezepte kopieren. Wer aber wirklich gut mit Aromen arbeiten kann, ist ehrlich gesagt meine Mama. Vor diesem Können ziehe ich meinen Hut!

EINFACH ZUM NIEDERKNIEN SIND APFELRADLN MIT PREISELBEERKOMPOTT UND EINEM GLAS MILCH. BEI UNS ZU HAUSE GIBT'S JEDES MAL DIE CHALLENGE, WER DIE MEISTEN APFELRADLN VERPUTZEN KANN.

Papas liebste

APFELRADLN

25 min × 15 min × 5 min × 4

1. Für den Backteig Dotter mit Mehl, Zucker, Vanillezucker, Milch und Sodawasser mit einem Schneebesen zu einem glatten Teig verrühren. Den Teig mindestens 15 Minuten rasten lassen.
2. In der Zwischenzeit die Äpfel schälen, das Kerngehäuse mit einem Ausstecher gründlich entfernen und in ca. 1,5 cm dicke Scheiben schneiden. Apfelringe sofort mit Zitronensaft beträufeln, damit sie nicht braun werden.
3. Eiklar mit Salz cremig schlagen und behutsam unter die Dottermasse heben.
4. In einer Pfanne ca. 1,5 cm hoch Butterschmalz oder Kokosöl erhitzen. Apfelringe in Staubzucker wenden, durch den Backteig ziehen, in das heiße Fett legen und beidseitig goldbraun backen. Achte dabei darauf, dass die Apfelringe nicht aneinanderkleben.
5. Die Apfelringe auf einem mit mehreren Lagen Küchenrolle ausgelegten Backblech abtropfen lassen. Bei Bedarf im Backofen bei 80 °C Ober- und Unterhitze warm halten. Mit etwas Staubzucker bestreut servieren.

ZUTATEN

Backteig

2 Eier (Gr. M), getrennt
180 g Mehl, glatt
30 g Kristallzucker
1 Pkg. Vanillezucker
190 ml Milch
2 EL Soda- oder Mineralwasser
1 Prise Salz

4 Äpfel, fest und säuerlich (z. B. Braeburn)
Saft von 1 Zitrone
Staubzucker (Puderzucker)

Butterschmalz oder Kokosöl zum Backen

Staubzucker (Puderzucker) zum Bestreuen

MIX & MATCH

Träumst du schon länger von herrlich fluffigen Pancakes zum Frühstück? Dann rühre in den Backteig noch eine Mischung aus 40 g Mehl und 1 Teelöffel Backpulver und zaubere damit kleine Pancakes.

HIMBEER-SEMIFREDDO

mit Pistazien

30 min | 12 h | 8–10 | Kastenform ca. 28 x 8 cm

ZUTATEN

300 g Himbeeren, tiefgekühlt
120 g Staubzucker (Puderzucker)
Saft von 1/2 Zitrone
1 EL Vanilleextrakt
3 Eier (Gr. M), getrennt
500 ml Schlagobers (Schlagsahne)
30 g Pistazien, geschält und gehackt

einige frische Himbeeren
Staubzucker (Puderzucker)

1. Die Form mit Frischhaltefolie auslegen, dabei die Folie über den Formenrand stehen lassen.

2. Himbeeren mit 2 EL Staubzucker, Zitronensaft und Vanilleextrakt vermengen und kurz ziehen lassen.

3. Dotter mit dem restlichen Staubzucker ca. 4 Minuten über einem heißen Wasserbad schaumig rühren. Danach die Dottermasse ca. 4 Minuten über kaltem Wasser schlagen, damit die Masse abkühlt.

4. Eiklar zu Schnee schlagen. Schlagobers halbsteif aufschlagen. Dottermasse, Eischnee und geschlagenes Schlagobers vorsichtig mit den Himbeeren und den Pistazien vermengen und in die vorbereitete Form füllen. Die Fruchtmasse mit der überstehenden Folie gut abdecken und über Nacht tiefkühlen.

5. Vor dem Verzehr das Semifreddo aus dem Tiefkühlschrank nehmen und die Folie von der Oberfläche entfernen. Die Kastenform waagrecht bis knapp zur Oberkante kurz in ein heißes Wasserbad tauchen. Anschließend mit einer Servierplatte abdecken und stürzen. Restliche Folie entfernen.

6. Semifreddo mit Beeren und etwas Staubzucker dekorieren und sofort servieren. Das Semifreddo kannst du am besten mit einem in heißes Wasser getauchten Messer in Schnitten teilen.

JEDES MAL, WENN ICH DAS HIMBEER-SEMIFREDDO ESSE, DENKE ICH: AHHH, IS DES GUAT! BEERIG SCHMECKT ES ABER AUCH MIT ERDBEEREN, HEIDELBEEREN ODER BROMBEEREN.

[GREEN ROUTINE]

Nomen est omen – meine „Green Routine" hat sich inzwischen zum elementaren Bestandteil meiner Küche gemausert. Was unser schönes Land alles zu bieten hat, spiegelt sich in den „grünen" Rezepten wider. Das war nicht immer so. Während meines Aufenthalts auf den Cayman Islands, wo fast alle Lebensmittel importiert werden müssen, wurde mir bewusst, dass es nicht selbstverständlich ist, immer und überall in einen knackfrischen Apfel beißen zu können.

Ich möchte mit meiner Green Routine etwas bewegen! Gemüse und Obst liefern ein echtes Feuerwerk an Farben, Formen und Aromen, vorausgesetzt, dass sie auch richtige Erde und Sonnenlicht genossen haben. Eine Tomate soll schließlich nicht nur rot sein, sondern auch schmecken!

Vergiss mal deine normale Kochroutine und probiere meine Rezepte aus. Du wirst deinen Wochenspeiseplan bereichern! Versprochen!

Erfrischender

MELONENSALAT

mit Kumquat-Chutney und Ziegenkäse

45 Minuten · 4

Zutaten

Kumquat-Chutney

1/2 Wassermelone
6–8 Kumquats
2 EL Kristallzucker
150 ml Wasser
4 EL Hollersirup (Holunderblüten- bzw. Fliederbeerblütensirup)
1 EL weißer Balsamicoessig

Melonensalat

1/2 Zuckermelone
1/2 Honigmelone
1/2 Fenchel
1/2 Radicchio, gewaschen und gezupft
1/2 Castelfranco, gewaschen und gezupft (oder Rucola)

Dressing

1 1/2 EL Ahornsirup
4 EL Leinöl
8 EL Balsamicoessig
Salz, Pfeffer

Topping

120 g Ziegenfrischkäse, grob gezupft
1 Bund Minze, fein gehackt

1. Für das Chutney die Wassermelone schälen. Die Schale in grobe Streifen schneiden, das Fruchtfleisch entkernen und in mundgerechte Stücke schneiden. Die Kumquats in Scheiben schneiden.

2. Zucker in einer Kasserolle karamellisieren, mit Wasser ablöschen und rühren, bis der Zucker vollständig gelöst ist. Melonenschalen und Kumquats beigeben, mit Hollersirup und Balsamicoessig abschmecken, ca. 25 Minuten einkochen lassen. Danach die Herdplatte abschalten und das Chutney weiter ziehen lassen.

3. Währenddessen die Zucker- und Honigmelone schälen, das Fruchtfleisch entkernen und in mundgerechte Stücke schneiden. Den Fenchel fein blättrig hobeln, mit den Melonenstücken, Radicchio und Castelfranco locker vermengen.

4. Für das Dressing alle Zutaten mit einem Schneebesen glatt rühren und mit Salz und Pfeffer abschmecken.

5. Die Mischung aus Melonenstücken, Salaten und Fenchelscheiben auf vier Salatschüsseln aufteilen, Ziegenkäse darauf verteilen und mit dem Dressing beträufeln. Das Chutney auf den Salat geben und mit Minze garnieren

FÜR MICH IST DAS EIN SUPER BEILAGENSALAT IM SOMMER – BEI GRILLPARTYS SCHLAGEN SOGAR ERKLÄRTE FLEISCHTIGER ZU.

APFEL-KOHLRABI-ROHKOST

mit Ofenradieschen

25 min × 20 min × 4

Zutaten

Rohkost

1 Bund Radieschen
3 EL Olivenöl
Saft von 1/2 Zitrone
1 EL Honig
Salz, Pfeffer
2 mittelgroße Kohlrabi
2 säurebetonte Äpfel
Saft von 1 Zitrone
2 Selleriestangen

Dressing

Saft von 2 Zitronen
Saft von 1 Limette
8 EL Olivenöl
Salz, weißer Pfeffer
Kräutergewürz nach Belieben und Geschmack

1 Handvoll Kräuter (Petersilie, Kerbel, Minze etc.), grob gezupft

1. Den Backofen auf 220 °C Ober- und Unterhitze vorheizen.
2. Für den Salat die Radieschen waschen und putzen. Je nach Größe evtl. halbieren, damit alle annähernd gleich groß sind. Olivenöl, Zitronensaft und Honig gut verrühren, mit Salz und Pfeffer abschmecken. Radieschen in eine flache, feuerfeste Form geben und mit der Honigmarinade vermengen. Auf mittlerer Schiene ca. 20 Minuten rösten, dabei nach der Hälfte der Garzeit durchrühren.
3. Inzwischen die Kohlrabiblätter abschneiden und beiseitelegen. Kohlrabi schälen, halbieren und mit einem Hobel in sehr dünne Scheiben schneiden. Mit den Äpfeln ebenso verfahren, jedoch die Apfelscheiben sofort mit etwas Zitronensaft beträufeln, damit sie nicht braun werden. Danach die Selleriestangen und die Kohlrabiblätter in Streifen schneiden.
4. Für das Dressing alle Zutaten in einem schmalen, hohen Gefäß mit dem Stabmixer mixen.
5. Zum Anrichten die Kohlrabi- und Apfelscheiben abwechselnd auf vier Teller legen. Mit dem Dressing beträufeln, Kohlrabi- und Selleriestreifen darüber verteilen und mit den Kräutern bestreuen. Die Ofenradieschen dekorativ darauf platzieren.

MIX & MATCH

Statt Kohlrabi kannst du auch Fenchel verwenden. Mit dem Fenchel ist das aber so eine Sache: Die einen lieben ihn, die anderen hassen ihn. Das hat sicher etwas mit „traumatischen" Geschmackserlebnissen (sprich Fencheltee bei Bauchweh) zu tun. Aber der Fenchel hat eine zweite Chance verdient! Für die Rohkost halbierst du den Fenchel, trennst Stiele und Strunk ab und hobelst ihn in feine Streifen.

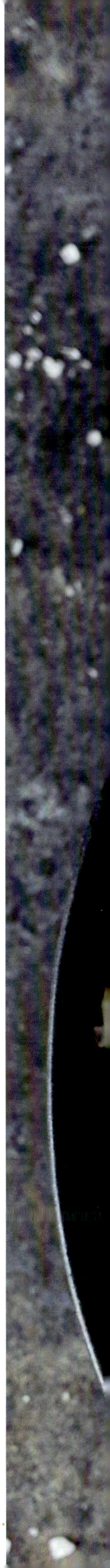

WENN DU BIS JETZT NOCH NICHT MEIN SODA-CHEDDAR-BREAD MIT BLÜTENBUTTER ODER MEINE MEHRKORN-BAGELS AUSPROBIERT HAST, DANN IST NUN DER RICHTIGE ZEITPUNKT DAFÜR. BESSER GEHT'S NICHT!

MIX & MATCH

Dieser Auflauf ist super wandelbar. Wer Karfiol nicht so mag, kann auch zu Zucchini, [illegible] oder Kohlrabi greifen. Mit einem knackigen Salat und einem Dip deiner Wahl das perfekte Wellness-Futter!

Belly well

HIRSEAUFLAUF

mit Karfiol

25 min × 45 min × 4–6 × Auflaufform ca. 20 x 30 cm

1. Den Backofen auf 180 °C Ober- und Unterhitze vorheizen, die Form befetten und mit Bröseln bestreuen.

2. Die Hirse in ein Sieb geben und mit heißem Wasser gründlich abspülen, um vorhandene Bitterstoffe zu entfernen. Anschließend die Milch aufkochen, Salz und Hirse hinzufügen und bei mittlerer Hitze ca. 8 Minuten köcheln lassen. Den Topf beiseitestellen, zudecken, die Hirse ausquellen und danach überkühlen lassen.

3. In der Zwischenzeit Karotten und Karfiol (ohne Blätter, aber mit Strunk) mit einer Reibe grob raspeln. Mit der Hirse, gehacktem Dill und fein geschnittener Zwiebel vermengen. Mit Kräutergewürz, Salz und Pfeffer abschmecken.

4. Eiklar mit einer Prise Salz dickcremig aufschlagen. Dotter mit Topfen glatt rühren, mit der Hirsemasse mischen und den Schnee unterheben. Masse in die vorbereitete Form füllen, glatt streichen und ca. 45 Minuten goldbraun backen. Abschließend für ca. 2 Minuten die Grillfunktion dazuschalten.

5. Den Hirseauflauf auf den Tellern anrichten und mit Basilikumblättern garniert servieren.

Zutaten

150 g Hirse
450 ml Milch
1 Prise Salz
1–2 Karotten (Möhren)
300 g Karfiol (Blumenkohl)
2 EL Dill, fein gehackt
1 Zwiebel, geschält und fein geschnitten
Kräutergewürz nach Belieben und Geschmack (siehe S. 226)
Salz, Pfeffer
4 Eier (Gr. M), getrennt
100 g Topfen (Quark)
Butter und Brösel (Paniermehl) für die Form
Basilikumblätter zum Garnieren (es können aber auch andere frische Kräuter sein)

DIDI FACT

Lange Zeit ein wenig in Vergessenheit geraten, erlebt die Hirse seit einigen Jahren ein Comeback. Vollkommen zu Recht, denn Hirse ist ein ganz besonderes Lebensmittel. Sie bietet reichlich Eiweiß, aber auch Magnesium und Eisen, was nicht nur für Veggies interessant ist. Und sie ist glutenfrei!

[WELCHE ROLLE SPIELT NACHHALTIGKEIT IN DEINER KÜCHE?]

NICHTS als die nackte Wahrheit …

Ganz klar: Produkte aus der Region sind ein Muss. Aber was für mich genauso wichtig ist, ist die richtige Verwertung und Verarbeitung. Denn es ist keinem geholfen, wenn ich nicht weiß, wie ich einen heimischen Saibling richtig filetiere und dann die Hälfte davon wegwerfe. „Nose to Tail“ ist meine Devise: Ich verarbeite nicht nur das Filet, sondern auch die Karkasse, aus der ich eine gute Fischsuppe koche.

Gebackene

ZUCCHINIFÄCHER

mit Feta

15 min | 20 min | 4 | Auflaufform

1. Den Backofen auf 180 °C Ober- und Unterhitze vorheizen.
2. Zucchini waschen. Den Strunk nicht entfernen! Jede Zucchini unterhalb des Strunks der Länge nach viermal einschneiden, sodass ein Fächer entsteht. Feta in Streifen schneiden und gleichmäßig in die Fächerzwischenräume setzen.
3. Eine Auflaufform mit etwas Olivenöl beträufeln und die gefüllten Zucchini hineinlegen. Das restliche Olivenöl mit Knoblauch, Zwiebeln und Kräutergewürz verrühren und gleichmäßig auf die Zucchini verteilen.
4. Zum Schluss die Kirschtomatenviertel und die Oliven darüberstreuen. Mit Salz und Pfeffer würzen und ca. 20 Minuten backen. Vor dem Servieren mit Basilikumblättern garnieren.

FILM ZUCCHINI-FÄCHER AB!

Zutaten

4 kleine Zucchini, ca. 15 cm lang
300 g Feta
100 ml Olivenöl
2 Knoblauchzehen, geschält und gehackt
1 kleine rote Zwiebel, geschält und in dünne Scheiben geschnitten
3 EL getrocknete mediterrane Kräuter
16 Kirschtomaten, geviertelt
16 schwarze Oliven
Salz, Pfeffer
Basilikumblätter

DIDI FACT

In der Arbeit Stress? Die Kinder trödeln bei der Hausübung? Der Hund jault herzzerreißend, weil er schon vor Stunden raus wollte? Wenn´s zeitlich eng ist, sind die gebackenen Zucchinifächer perfekt. Du kannst sie an ruhigeren Tagen fix und fertig vorbereiten und im Kühlschrank aufbewahren. Bei Bedarf einfach herausholen, in den Backofen schieben und genießen.

GREEN GALETTE

30 min · 60 min · 40 min · 4–6 · Springform Ø 26 cm

Zutaten

Teig

300 g Dinkelmehl (oder Buchweizenmehl)
1 1/2 TL Salz
125 ml lauwarmes Wasser
6 EL Olivenöl
Mehl zum Arbeiten

Füllung

500 g Zucchini
2 EL Pflanzenöl (Sonnenblumenöl, Distelöl etc.)
1–2 Knoblauchzehen, geschält und gehackt
1 mittelgroße Zwiebel, geschält und fein geschnitten
150 g Erbsen, tiefgekühlt
4–5 Stangen grüner Spargel, an den Enden geschält und klein geschnitten
150 g gekochter Basmati- oder Vollkornreis (80 g roh)
2 EL Minze, gehackt
Salz, Pfeffer
Kräutergewürz nach Belieben und Geschmack (siehe S. 226)
2 Eier (Gr. M)

1 Ei (Gr. M) und 1 EL Milch zum Bestreichen
1–2 EL schwarzer Sesam

grobes Meersalz
frische Kräuter, grob abgezupft

1. Für den Teig Mehl mit Salz mischen. Wasser einrühren, anschließend das Öl nach und nach beigeben und zu einem glatten Teig kneten. Teig auf einer bemehlten Arbeitsfläche noch kurz durchkneten und zu einer Kugel formen. Teigkugel in Frischhaltefolie wickeln und ca. 1 Stunde im Kühlschrank kalt stellen.
2. In der Zwischenzeit den Boden der Springform mit Backpapier auslegen.
3. Zucchini waschen, putzen und grob raspeln. Öl in einer Pfanne erhitzen, Knoblauch und Zwiebel darin glasig anschwitzen. Zucchini, Erbsen und Spargel hinzufügen und 5 Minuten rösten, bis die Flüssigkeit verdampft ist. Die Pfanne vom Herd nehmen und das Gemüse auskühlen lassen. Gekochten Reis und Minze untermengen und mit Salz, Pfeffer und Kräutergewürz abschmecken.
4. Den Backofen auf 200 °C Ober- und Unterhitze vorheizen.
5. Den Teig auf einer bemehlten Arbeitsfläche zu einem Kreis mit ca. 36 cm Durchmesser ausrollen. Boden und Rand der Form damit auslegen, dabei den Teig über den Formenrand hängen lassen. Den Teigboden mit einer Gabel mehrfach einstechen. Die Eier verquirlen und unter die Füllung mischen. Füllung in die vorbereitete Form füllen. Den überhängenden Teigrand nach innen klappen, mit der Ei-Milch-Mischung bestreichen und mit Sesam bestreuen.
6. Die Galette ca. 40 Minuten backen. Vor dem Servieren mit etwas Meersalz und Kräutern bestreuen.

MIX & MATCH
Je nach Saison kannst du statt Spargel auch Blattspinat, Brokkoli oder Bohnen verwenden.

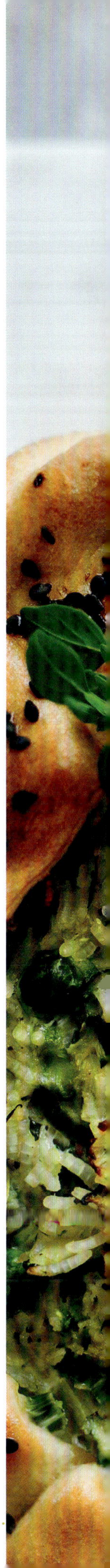

MIT EINER KRÄUTERSALSA ODER EINEM TSATSIKI SERVIERT, LASSEN SICH SELBST WAHRE FLEISCHTIGER ZU ETWAS „GRÜN“ HINREISSEN. DIE REZEPTE FÜR DIE KRÄUTERSALSA UND DAS TSATSIKI FINDEST DU AUF SEITE 208.

MIX & MATCH

Sollte Sellerie nicht zu deinem Lieblingsgemüse zählen, kannst du auch auf Kohlrabi, Kürbis oder Zucchini ausweichen.

SELLERIE-PANKO-SCHNITZEL

mit Remoulade

30 min × 4 min × 4

1. Sellerie schälen und in ca. 1,5 cm dicke Scheiben schneiden. Scheiben im Dampfgarer bei 100 °C ca. 8 Minuten garen oder 3 Minuten in kochendem Wasser blanchieren. Beidseitig mit Zitronensaft beträufeln, salzen, pfeffern und mit Kräutergewürz würzen. Eier mit etwas Salz verquirlen. Selleriescheiben in Mehl wenden, durch die verquirlten Eier ziehen und in den Panko-Bröseln wenden.

2. Öl oder Butterschmalz in einer Pfanne erhitzen, Selleriescheiben darin beidseitig ca. 4 Minuten goldbraun backen. Herausnehmen und auf einigen Lagen Küchenrolle kurz abtropfen lassen.

3. Für die Remoulade Ei, Senf und Zitronensaft in einem schmalen, hohen Gefäß mit einem Stabmixer mixen. Öl nach und nach einfließen lassen, bis die Masse eindickt. Sauerrahm, Kräuter, Zwiebel und Essiggurkerl hinzufügen. Mit Salz und Pfeffer würzen. Für den besonderen Kick kannst du mit Kurkuma oder Curry verfeinern.

4. Die Sellerieschnitzel mit Remoulade und Vogerlsalat servieren.

DIDI FACT

Panko-Brösel machen die Schnitzel so richtig crunchy.

Zutaten

Schnitzel

1 mittelgroße Sellerieknolle (ca. 700 g)
Saft von 1 Zitrone
Salz, Pfeffer
Kräutergewürz nach Belieben und Geschmack (siehe S. 226)
2 Eier (Gr. M)
ca. 50 g Mehl, glatt, zum Panieren
ca. 100 g Panko-Brösel (japanisches Paniermehl)
Öl oder Butterschmalz zum Backen

Remoulade

1 Ei (Gr. M)
1 TL Senf
Saft von 1/2 Zitrone
250 ml Maiskeimöl
100 g Sauerrahm (saure Sahne, Schmand)
1 kleiner Bund Kräuter (Petersilie, Schnittlauch, Basilikum etc.), fein gehackt
1 kleine Zwiebel, geschält und fein geschnitten
4–5 kleine Essiggurkerl (Gewürzgurken), fein geschnitten
Salz, Pfeffer
evtl. Kurkuma oder Curry

Vogerlsalat (Feldsalat)

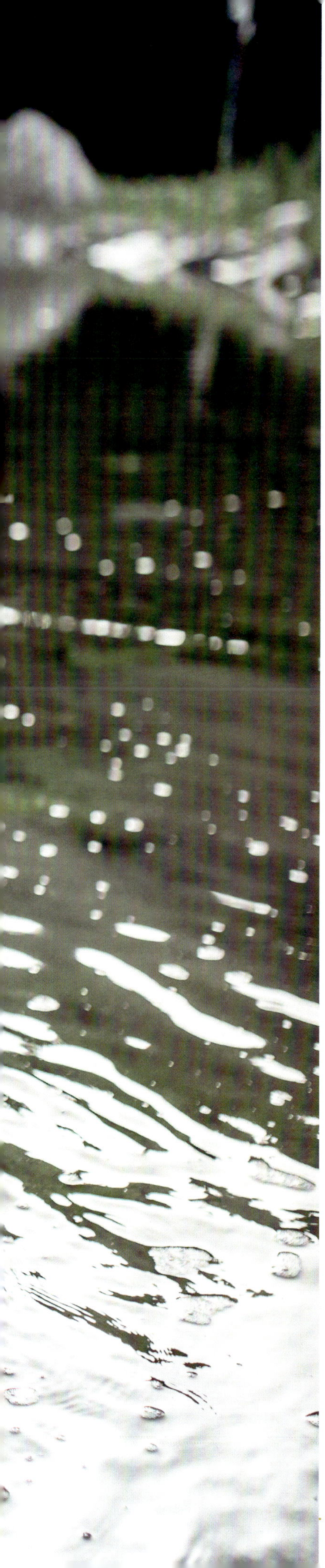

DIDI MAIER

COOK YOUR LIFE

[MÄNNERWELTEN]

Hungrige Kerle wie wir wissen, wie man(n) zu kochen hat: schnell und schmackhaft. Punkt. Für die besten Zutaten begebe ich mich mit meinen Spezies oft sogar selbst auf die Jagd, nämlich zum Fischen. Wer selbst nicht angelt, kann nicht verstehen, warum man in aller Herrgottsfrüh loszieht, stundenlang am Wasser steht und wartet, bis sich ein Fisch endlich bequemt, zuzubeißen. Hat man dann endlich einen Fisch an der Angel, fühlt es sich an wie ein 5:0 beim Ländermatch Österreich gegen Italien. Fisch perfekt zuzubereiten ist dagegen einfach, man muss nur wissen wie!

Hart umkämpft ist unter uns Männern auch das Revier um die heißen Kohlen. Sobald es draußen wärmer wird, erwacht die feurige Lust. Dann gibt es kein Halten mehr. Das Fleisch muss her und der Rauch muss aufsteigen. Ob fangfrischer Fisch im Salzmantel oder Spareribs am Rost – mit ein wenig Didi-Style werden sie zu raffinierten Gerichten.

KANN MAN FERNWEH ESSEN? AUF JEDEN FALL! WENN ICH EIN CLUB-SANDWICH VERPUTZE, DANN BIN ICH AUF EINMAL MITTEN IN NEW YORK. ICH LIEBE DIESES ESSEN ZWISCHEN ZWEI BROTSCHEIBEN!

CLUBSANDWICH

im Didi-Style

20 min | 4

1. Für die Ricotta-Sauce alle Zutaten in einem schmalen, hohen Gefäß mit dem Stabmixer pürieren und anschließend kalt stellen.
2. Für das Sandwich aus dem Tramezzinibrot jeweils drei ca. 8 cm große Kreise ausstechen. Alle 12 Brotscheiben beidseitig dünn mit Butter bestreichen, in einer Pfanne bei mittlerer Hitze ca. 3 Minuten beidseitig toasten und beiseitelegen.
3. Die Avocado schälen, halbieren, den Kern entfernen, das Fleisch in ca. 5 mm dicke Scheiben schneiden und diese sofort mit Zitronensaft beträufeln. Die Tomaten mit einem scharfen Messer in ca. 5 mm dicke Scheiben schneiden.
4. Für den Tempurateig Wasser und Mehl mit einem Schneebesen glatt rühren.
5. Die Hühnerfilets leicht schräg in Scheiben schneiden, salzen und durch den Tempurateig ziehen. Anschließend in heißem Öl 2–3 Minuten beidseitig hellbraun backen. Auf einigen Lagen Küchenrolle abtropfen lassen, danach auf einen Gitterrost legen, damit sie knusprig bleiben.
6. 4 Brotscheiben mit Ricottasauce bestreichen, Tomatenscheiben darauflegen und mit je einer zweiten Weißbrotscheibe bedecken. Diese mit Mayonnaise bestreichen und mit den Avocadoscheiben belegen. Darauf Spinatblätter und die gebackenen Hühnerfiletscheiben schichten. Mit der dritten Brotscheibe abdecken. Sandwich mit Basilikumblättern und Sojasprossen garniert servieren.

Zutaten

Ricotta-Sauce

250 g Ricotta
2 Tomaten, fein gewürfelt
8 Basilikumblätter
1 TL Salz
2 EL Olivenöl

Sandwich

300 g Tramezzinibrot (4 Scheiben)
1 1/2 El Butter zum Bestreichen
1 Avocado
Saft von 1/2 Zitrone
2 Tomaten
2 Hühnerfilets
Salz
6 TL Mayonnaise
80 g Babyspinat (Blattspinat)
4 Zweige Basilikum
Sojasprossen

Tempurateig

100 ml eiskaltes Soda- oder Mineralwasser
80 g Tempuramehl
Pflanzenöl
zum Backen

Mix & Match

Wenn du kein Tempuramehl zur Hand hast, dann ersetze es einfach durch eine Mischung aus 70 g glattem Mehl, 30 g Stärke und einem Packerl Backpulver.

HERINGSSALAT

mit fruchtigem Mango-Touch

25 min | 5 h | 4

Zutaten

Salat

400 g eingelegtes Heringsfilet (Russenfilet), abgetropft
1 Mango
1 Gurke
8 Radieschen
3 Frühlingszwiebeln
1 rote Zwiebel, (oder 2–3 Schalotten) geschält und fein geschnitten

Marinade

1 Zitrone
180 g Sauerrahm (saure Sahne, Schmand)
140 g Mayonnaise
1/2 Bund Dill, fein gehackt
1 Prise Zucker
Salz, Pfeffer

1 EL Pinienkerne
1 EL Sonnenblumenkerne
1/2 TL rote Pfefferkörner
Dillspitzen zum Garnieren

1. Für den Salat das Heringsfilet in mundgerechte Stücke schneiden. Mango und Gurke schälen, das Mangofleisch vom Kern schneiden, beide Zutaten in mundgerechte Stücke schneiden. Radieschen und Frühlingszwiebeln putzen und in dünne Scheiben schneiden. Alle Zutaten gut miteinander vermengen.

2. Für die Marinade die Zitronenschale abreiben und die Zitrone auspressen. Sauerrahm mit Mayonnaise, Dill, Zitronenschale und -saft verrühren. Mit Zucker, Salz und Pfeffer abschmecken. Den Salat damit marinieren, gut mischen und einige Stunden im Kühlschrank ziehen lassen.

3. Pinien- und Sonnenblumenkerne ohne Fett in einer Pfanne hellbraun rösten, bis sie zu duften beginnen.

4. Den Heringssalat in kleine Schüsseln füllen, mit den gerösteten Pinienkernen, Pfefferkörnern und Dill garnieren und z. B. mit Soda-Cheddar-Bread (siehe S. 29) servieren.

SO WILD UND AUSGELASSEN DIE LETZTE NACHT WAR, SO SEHR SCHMERZT DER SCHÄDEL MANCHMAL AM NÄCHSTEN TAG. MEIN HERINGSSALAT BRINGT JEDOCH JEDEN KATER ZUR STRECKE.

[WARUM WOLLTEST
DU NICHT WIE DEINE
MUTTER DER BESTE KOCH
DER WELT WERDEN?]

NICHTS als die nackte Wahrheit …

Mit ca. 25 Jahren war mein größter Wunsch, jüngster Hauben- und Sternekoch Österreichs zu werden. Talent hatte ich genug, aber irgendwann habe ich begriffen, dass ich mein Leben lang am Erfolg meiner Mama gemessen werden würde. Um als Didi Maier wahrgenommen zu werden, musste ich einen anderen Weg einschlagen. Der hieß: Weg von der elitären High-End-Küche, hin zur coolen Good-Food-Mood-Küche. Ich denke, das ist mir mit meinen drei Betrieben gelungen.

PULLED-SALMON-SANDWICH

mit Joghurt-Dill-Senf-Sauce

45 min | 20 min | 4

Zutaten

1 Lachsfilet (ca. 380 g ohne Haut)
Salz
Pfeffer, grob gemahlen
8–10 Salatblätter, gewaschen
1 Salatgurke, gewaschen und längs in feine Scheiben gehobelt
4 Ciabatta-Brötchen oder Brot nach Wahl

Marinade

40 g Butter
40 g Honig
40 g Sweet-Chili-Sauce
1 EL Sojasauce, hell
Saft von 1/2 Zitrone
1 Knoblauchzehe, geschält und gepresst

Joghurt-Dill-Senf-Sauce

1/2 Bund Dill, fein gehackt
40 g Mayonnaise
3 TL Dijonsenf
150 g Joghurt
Saft von 1/2 Zitrone
2 TL Honig
Salz, weißer Pfeffer

1. Eine feuerfeste Form mit Alufolie auslegen. Den Lachs mittig in die Form legen, mit Salz und Pfeffer würzen und die Alufolie am Rand hochschlagen.

2. Den Backofen auf 200 °C Ober- und Unterhitze vorheizen.

3. Für die Marinade die Butter auf geringer Stufe schmelzen, die restlichen Zutaten hinzufügen und alles ca. 2 Minuten leicht köcheln lassen.

4. Den Lachs mit zwei Dritteln der Marinade beträufeln und anschließend ca. 15 Minuten backen. Danach die restliche Marinade auf den Lachs träufeln und die Grillfunktion zuschalten. Den Fisch weitere 5 Minuten grillen. Wichtig ist, dass der Lachs nicht verbrennt. Daher ist es am besten, wenn du in der Nähe bleibst und ihn laufend im Auge behältst.

5. Für die Sauce alle Zutaten glatt rühren. Etwas Sauce auf das quer aufgeschnittene Brötchen streichen, danach mit Salat und Gurkenscheiben belegen. Das Lachsfilet auseinanderziehen – also „pullen" – und mundgroße Stücke auf die vorbereiteten Brötchen legen. Abermals mit Sauce bestreichen und sofort servieren.

KEEP IN TOUCH! SOLL HEISSEN, DASS DU DEN LACHS STÄNDIG UNTER BEOBACHTUNG HALTEN SOLLTEST. NICHTS IST SCHLIMMER ALS EIN STAUBTROCKENER LACHS, DER DANN KOMPLETT GESCHMACKSBEFREIT IST. PERFEKT SCHMECKT LACHS, WENN ER IN DER MITTE NOCH LEICHT GLASIG IST.

DIDIS SPARE RIBS

mit Potato Wedges

35 min × 60–90 min × 45 min × 4

Zutaten

Ca. 3 kg Ripperl vom Schwein
(Schweinebauchrippchen)

Würzsud

5 EL Honig
2 EL Maiskeimöl
1 TL Sambal Oelek
Grillgewürz nach Belieben
und Geschmack (siehe S. 226)
50 g Ingwer, geschält und grob gehackt
3 Knoblauchzehen,
geschält und grob gehackt
1/2 Bund frischer Koriander
1 l Weißbier
1 l Wasser
2 TL Salz

BBQ-Glasur

200 g Ketchup
200 g Barbecue-Sauce
2 TL Sambal Oelek
3 EL Honig
3 EL Worcestershire-Sauce
Grillgewürz nach Belieben
und Geschmack (siehe S. 226)
1 Knoblauchzehe, geschält und gepresst
10 g Ingwer, geschält und fein gerieben

DIDI FACT

Du erwartest Gäste und der Stresspegel steigt? Braucht es nicht. Bereite die Ripperl bereits am Vortag vor und stelle sie mitsamt dem Würzsud in den Kühlschrank. So kannst du den nächsten Tag sehr viel entspannter angehen.

Potato Wedges

8 festkochende Kartoffeln
2 EL Olivenöl
Salz
Bratkartoffelgewürz nach Belieben
und Geschmack (siehe S. 226)
2 TL Chilipulver

Sauerrahm (Saure Sahne,
Schmand) zum Dippen

1. Alle Zutaten für den Würzsud vermengen. Ripperl vollständig mit Würzsud bedecken und ca. 1 Stunde köcheln lassen, bis das Fleisch weich ist. Ripperl von der Herdplatte nehmen und im Würzsud beiseitestellen.

2. Für die BBQ-Glasur alle Zutaten mit dem Schneebesen verrühren.

3. Für die Wedges die Kartoffeln gründlich waschen und in möglichst gleich dicke Spalten schneiden. Kartoffelspalten mit den übrigen Zutaten vermengen und ca. 10 Minuten ziehen lassen.

4. Den Backofen auf 180 °C Ober- und Unterhitze vorheizen.

5. Ripperl aus dem Sud nehmen und dünn mit BBQ-Glasur bepinseln (den Rest für später aufheben).

6. Wedges auf einem mit Backpapier belegten Backblech verteilen, sodass sie nicht übereinander liegen. Im Backofen 10 Minuten auf der mittleren Schiene vorbacken.

7. Ripperl mit der Fleischseite nach unten auf einem weiteren Backblech über die Wedges in den Backofen schieben. Beides für weitere 30 Minuten garen. Ripperl 5 Minuten vor Ende der Garzeit wenden, noch einmal dünn mit BBQ-Glasur bepinseln und mit der Grillfunktion bzw. Oberhitze karamellisieren lassen, bis sich eine gleichmäßige dunkle Kruste bildet.

8. Ripperl aus dem Ofen nehmen und ca. 5 Minuten rasten lassen. Währenddessen die Wedges mit der Grillfunktion bzw. Oberhitze goldbraun fertig backen. Mit glatt gerührtem Sauerrahm anrichten.

BEEFSTEAK TATAR

20 min | 30 min | 4

Zutaten

200 g Rindsfilet (oder Oberschale bzw. Nuss vom Rind)
1 TL Dijonsenf
1 EL Mayonnaise
2 TL Worcestershire-Sauce
1 TL Tabascosauce
2 TL Sojasauce
4 TL Olivenöl
2 TL Balsamicoessig, hoher Reifegrad
1/2 Zwiebel, geschält und geschnitten
20 g Kapern, gehackt
40 g Essiggurkerl (Gewürzgurken), gehackt
Salz, Pfeffer
1 EL Petersilie, gehackt

Himbeer-Vinaigrette

2 EL Himbeeressig
1 EL Balsamicoessig, hoher Reifegrad
2 EL Olivenöl
Salz, Pfeffer

etwas Salat oder Wiesenkräuter zum Garnieren

1. Rindsfilet sorgfältig zuputzen, in Frischhaltefolie wickeln und ca. 30 Minuten im Tiefkühler anfrieren lassen. Anschließend in Streifen und danach in 5 mm große Würfel schneiden. Mit den restlichen Zutaten, am besten mit einer Gabel, vermengen und das Tatar abschmecken.
2. Für die Vinaigrette alle Zutaten verrühren.
3. Beefsteak Tatar anrichten, mit Salat bzw. Wiesenkräutern garnieren und diesen mit Vinaigrette beträufeln.

DIDI FACT

Toastbrot zu Beef Tatar kennt jeder. Wenn du mal was Neues ausprobieren möchtest, dann habe ich hier was für dich: das Quick-&-easy-Fladenbrot aus der Pfanne, das hervorragend dazu passt. Du findest es auf S. 133.

RINDSROULADE

in Wacholderjus

30 min | 2 h | 4

Zutaten

4 Rindschnitzel à 120 g
1 EL Dijonsenf
Salz, Pfeffer
Majoran, getrocknet
16 Scheiben Bauchspeck
2 Karotten (Möhren), in Streifen geschnitten
6–8 Essiggurkerl (Gewürzgurken), in Streifen geschnitten
1 Petersilienwurzel, in Streifen geschnitten
Spagat (oder Küchengarn bzw. Zahnstocher)
Mehl zum Wälzen

2 EL Butterschmalz zum Braten
1 EL Tomatenmark
150 ml Portwein (oder Rotwein)
340 ml Kalbsjus (oder Kalbsfond bzw. Rindsuppe)
4 Wacholderbeeren
3 Zweige Thymian
Salz, weißer Pfeffer

1. Rindschnitzel vorsichtig klopfen, eine Seite mit Senf bestreichen, mit Salz, Pfeffer und Majoran würzen.
2. Im unteren Drittel mit Speck, Karotten, Essiggurkerln und Petersilienwurzel belegen. Das Fleisch straff einrollen, binden oder mit Zahnstochern fixieren.
3. Rouladen in Mehl wälzen, überschüssiges Mehl abklopfen.
4. Butterschmalz erhitzen, Rouladen hineinlegen, rundherum anbraten, herausnehmen und warm stellen.
5. Tomatenmark in den Bratrückstand einrühren, kurz anrösten, mit Portwein ablöschen und mit Kalbsjus aufgießen. Wacholderbeeren und Thymian hinzufügen.
6. Rouladen in die Sauce legen, bei geschlossenem Deckel ca. 2 Stunden auf kleiner Flamme schmoren. Anschließend Thymian und Wacholderbeeren entfernen. Mit Kartoffelpüree (siehe S. 215) servieren.

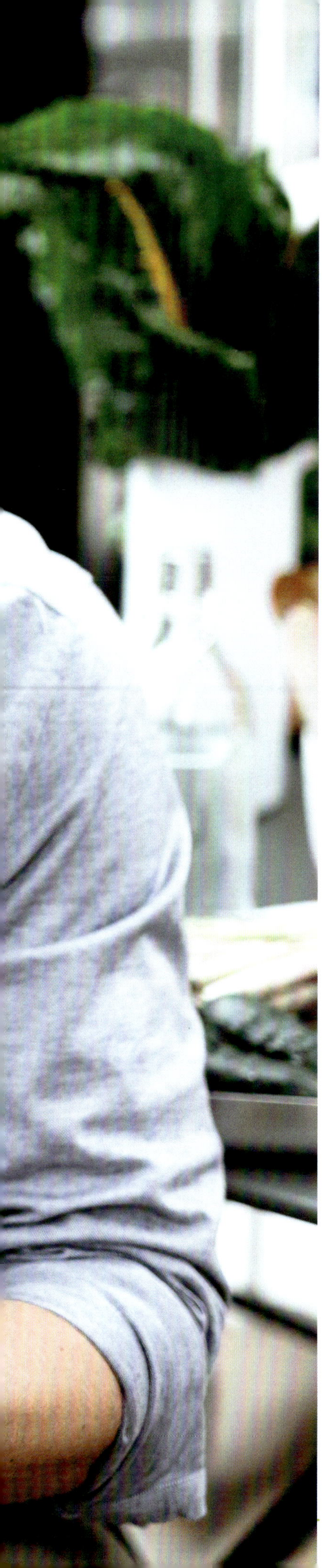

[POT & SPICY]

Die meisten Menschen sind Gewohnheitstiere. Das ist nichts Neues – vor allem beim Essen. Da hat Experimentierfreude nichts verloren – schließlich hört sich beim Essen der Spaß auf. Jedenfalls bei erklärten Traditionalisten. Auf der anderen Seite stehen die Genussabenteurer, die entdeckungshungrig immer nach neuen Geschmackswelten Ausschau halten. Beides hat etwas: Die einen setzen auf Gelingen und garantierten Genuss, während die anderen natürlich auch mit dem einen oder anderen gescheiterten Experiment rechnen müssen.

Und hier kommen meine Rezepte ins Spiel! Erprobt und für HMMMMMM befunden – so lautet das Urteil zahlreicher Genussmenschen. Also, auf zu neuen Geschmacksufern – vielleicht findest du in diesem Kapitel das eine oder andere Rezept, für das ich dich begeistern kann!

BUDDHA BOWL

30 min · 30 min · 20 min · 4

Zutaten

Reis

300 g Basmatireis
550 ml Wasser
2 EL Sushi-Essig
1 TL Salz

Gemüse

100 g Rotkraut (Rotkohl), geputzt und dünn geschnitten
100 g Chinakohl, geputzt und dünn geschnitten
100 g Babyspinat (oder Pakchoi)
1 Roma-Salatherz, geviertelt (oder Friséesalat bzw. Radicchio)

Karotten in Sud

5 EL Sushi-Essig
5 EL Sojasauce
1 EL Sesamöl
2 EL Ahornsirup
150 g Karotten (Möhren), geputzt und in feine Streifen gehobelt

Buddha-Bowl-Sauce

3 EL Hoisin-Sauce
6 EL Ponzu-Sauce
4 EL Sojasauce
5 EL Reisessig
3 EL Sesamöl
1/2 TL Asia-5-Gewürzmischung
1 Knoblauchzehe, geschält und gepresst
2 cm Ingwer, geschält und gepresst

Topping deiner Wahl

500 g Hühner- oder Rindsfilet oder 20 Garnelen (entdarmt) oder 400 g Tofu
Öl zum Braten
2 EL Hoisin-Sauce zum Glacieren

Korianderblätter, Sprossen, Limettenspalten, Granatapfelkerne, Nüsse, Sesam etc. zum Garnieren

1. Reis waschen und mit Wasser, Essig und Salz ohne Deckel zum Kochen bringen, Hitze reduzieren. Bei nicht ganz geschlossenem Deckel ca. 15 Minuten leicht köcheln lassen. Dann die Herdplatte ausschalten und den Reis ca. 5 Minuten offen ausdampfen lassen.
2. Für den Karottensud alle Zutaten verrühren und einmal aufkochen lassen. Topf von der Herdplatte ziehen und die Karottenstreifen ca. 30 Minuten darin ziehen lassen.
3. Für die Buddha-Bowl-Sauce alle Zutaten miteinander verrühren.
4. Das Topping deiner Wahl (Huhn, Rind, Garnelen oder Tofu) in Öl anbraten. Zum Schluss mit Hoisin-Sauce glacieren.
5. Verteile Gemüse, Reis und Karotten auf 4 Schüsseln und gib anschließend das Topping deiner Wahl darauf. Zum Schluss alles mit der Buddha-Bowl-Sauce beträufeln und mit frischen Korianderblättern, Sprossen, Limettenspalten, Granatapfelkernen, Nüssen oder Sesam garnieren.

MIX & MATCH

Für Abwechslung sorgen Glasnudeln oder Garnelen als Einlage. Bevorzugst du die Veggie-Variante, verwende Babyspinat oder geschnittene Champignons.

Hot Pot

GALANGA-SUPPE

45 min × 15 min × 4–6

1. Das Zitronengras von den harten Außenblättern befreien und fein hacken. Galangawurzel, Ingwerwurzel und Knoblauch in dünne Scheiben schneiden. Öl in einen heißen Wok oder Suppentopf geben und die zerkleinerten Zutaten darin leicht anschwitzen.

2. In der Zwischenzeit Champignons und Tomaten in ca. 2 cm große Würfel schneiden, die Chilischote fein hacken.

3. Sobald die Zutaten im Wok etwas Farbe bekommen haben, die Champignons hinzufügen und kurz anschwitzen. Anschließend Tomatenwürfel und gehackte Chilischoten untermengen, 2–3 Minuten köcheln lassen, dabei öfters umrühren. Mit Fond ablöschen, Limettenblätter und Kokosmilch hinzufügen und weitere 10 Minuten leicht köcheln lassen.

4. Zitronensaft beigeben, Suppe nach Belieben mit Currypulver oder Habibi-Gewürz würzen und weitere 2–3 Minuten köcheln lassen. Anschließend pürieren und durch ein feines Sieb seihen. Mit Sojasauce abschmecken und mit Basilikumblättern garnieren.

5. Die Hühnerbrust je nach Geschmack würzen, anbraten, anschließend in Streifen schneiden und als Einlage in die Suppe geben.

Zutaten

2 Stangen Zitronengras
25 g Galanga-/Galgantwurzel, geschält
25 g Ingwerwurzel, geschält
2 Knoblauchzehen, geschält
2 EL Pflanzenöl (Sonnenblumenöl etc.)
50 g braune Champignons
2 Tomaten
5 g rote Chilischote
1 l Fond (Geflügel-, Gemüse- oder Fischfond)
3–4 Kaffir-Limettenblätter (aus dem Asia-Shop)
600 ml Kokosmilch
Saft von 1/2 Zitrone
1/2 TL Currypulver oder Habibi-Gewürz
2 EL Sojasauce
Korianderblätter
1 Hühnerbrust

DIDI FACT

Lust auf ein wenig kulinarischen Culture Clash? Der raffinierte Mix aus asiatisch angehauchter Galangasuppe und Leinsamen-Tacos ist auf jeden Fall einen Versuch wert. Die Tacos findest du auf S. 55.

GAZPACHO

mit gebeiztem Saibling

30 min · 90 min · 4

Zutaten

Beize

100 g Salz
150 g Kristallzucker
1 Zweig Thymian, abgerebelt
1 Zweig Dill, abgezupft
Schale von je 1 Zitrone und Orange, fein geschnitten

4 Saiblingsfilets, grätenfrei

Suppe

25 g Zwiebel
250 g Tomaten
100 g roter Paprika
100 g Gurke
1 TL Petersilie, gehackt
1/2 TL Thymian, abgerebelt
Salz, Pfeffer
25 ml Olivenöl

100 g Rucola, gewaschen
8 Erdbeeren, geputzt und in Würfel geschnitten
Olivenöl

1. Für die Beize alle Zutaten in einem elektrischen Zerkleinerer pürieren. Fischfilets auf die Hautseite legen, Beize darüber verteilen, mit Frischhaltefolie abdecken und ca. 1,5 Stunden im Kühlschrank ziehen lassen.
2. Inzwischen Tomaten, Paprika und Gurken waschen, von Kernen befreien und grob zerkleinern. Die Zwiebel schälen und ebenfalls grob zerkleinern. Mit den restlichen Zutaten in einem hohen Gefäß mit einem Stabmixer fein pürieren. Abschmecken und ca. 30 Minuten im Kühlschrank kühlen.
3. Fischfilets kurz unter fließendem, kaltem Wasser von der Beize befreien. Fischhaut mit einem Messer abziehen und die Fischfilets in dünne Streifen schneiden.
4. Zum Servieren die Suppe anrichten, Rucola und Fischstreifen darauf verteilen, mit Erdbeeren garnieren und mit Olivenöl beträufeln.

MIX & MATCH

Eine super Variante ist, wenn du die Tomaten durch Zuckermelonenfleisch ersetzt.

[WAS WÄRE DEIN LETZTES MAHL AUF ERDEN?]

NICHTS als die nackte Wahrheit …

„Meine Mama sagt immer: Man soll nach einem richtig guten Abendessen noch fit für die Liebe sein." Da es das letzte Mahl ist, ist anschließend aber Schluss. Daher gibt es keine Pasta, sondern ein herrliches Wiener Schnitzel in Butterschmalz herausgebacken, damit ich nachher über mein Bauchilein streicheln und sagen kann: Es war sehr schön, es hat mich sehr gefreut."

EMPANADAS SIND AUCH ALS KALTER SNACK FÜR EIN PICKNICK DER RENNER. MEIN SOHN MAG SIE BESONDERS ALS JAUSE IN DER SCHULE …

EMPANADAS

mit rotem Mojo-Dip

35 min | 20–25 min | 4

1. Für die Füllung Olivenöl in einer Pfanne erhitzen, Zwiebel und Knoblauch darin anschwitzen. Tomatenmark einrühren. Faschiertes und restliche Zutaten beigeben, 5–7 Minuten rösten, bis die Flüssigkeit verdampft ist. Überkühlen lassen und abschmecken.

2. Aus dem Hefeteig Scheiben mit ca. 10 cm Durchmesser ausstechen. In die Mitte jeder Scheibe 1 EL Füllung geben. Teigränder mit verquirltem Ei bestreichen, Scheiben zusammenklappen und die Ränder mit einer Gabel festdrücken. Teigreste vom Ausstechen wieder ausrollen und auf dieselbe Art verarbeiten.

3. Den Backofen auf 180 °C Ober- und Unterhitze vorheizen.

4. Die Empanadas auf ein mit Backpapier belegtes Backblech setzen, mit Dotter bestreichen und 20–25 Minuten goldbraun backen.

5. Inzwischen für den Dip alle Zutaten in einem schmalen, hohen Gefäß mit dem Stabmixer pürieren, bis die Masse eine cremige Konsistenz hat. Ist der Dip zu fest, etwas Essig oder Öl beigeben. Ist er zu flüssig, etwas Toastbrot beimengen.

6. Die Empanadas warm mit rotem Mojo-Dip servieren.

Zutaten

Füllung

2–3 EL Olivenöl
1 Zwiebel, geschält und fein geschnitten
2 Knoblauchzehen, geschält und gehackt
3 EL Tomatenmark
200 g Faschiertes (Hackfleisch), gemischt
1 kleine Dose Gemüsemais oder rote Bohnen
1 grüner Paprika, in Streifen geschnitten
2 Tomaten, entkernt und klein gewürfelt
1 TL Grillgewürz nach Belieben und Geschmack (siehe S. 226)
Salz, Pfeffer
1 Prise Chili

2 Pkg. Pizzahefeteig (ca. 800 g)
1 Dotter (Eigelb), verquirlt, zum Bestreichen

Roter Mojo-Dip

80 ml Olivenöl
40 ml Essig
1/2 Zwiebel, geschält und in Würfel geschnitten
1 Knoblauchzehe, geschält und gehackt
2 rote Paprika, entkernt und klein gewürfelt
1 TL edelsüßes Paprikapulver
1/2 TL Kumin (Kreuzkümmel), gemahlen
2–3 Safranfäden
2 TL Ingwer, geschält und gerieben
1 Prise Chili
1 Scheibe Toastbrot, grob gewürfelt
1 TL Salz
1 Prise Pfeffer

MOM TRI'S PAD THAI

30 min × 2 h × 7 min × 4

Zutaten

2 Hühnerbrustfilets ohne Haut

Marinade

3 EL Tamarindenpaste
1 1/2 EL Sesamöl
1/2 EL Fischsauce
3 EL Sojasauce
Saft von 1/2 Limette
2 1/2 EL Hoisin-Sauce

Reisnudeln

300 g Reisnudeln
1 Prise Salz

Gemüse

130 g Pak Choi
130 g Weißkraut (Weißkohl)
85 g Karotte (Möhre)
2 EL Sesamöl zum Braten
50 g Zuckerschoten
130 g Sojasprossen

100 g Haselnüsse, gehackt und trocken geröstet
1 Junglauch, in feine Streifen geschnitten
Chili nach Geschmack
1 Limette, geviertelt

1. Die Hühnerbrustfilets in Streifen schneiden.
2. Für die Marinade alle Zutaten verrühren. Hühnerfiletstreifen damit marinieren und ca. 2 Stunden zugedeckt im Kühlschrank ziehen lassen. Danach gut abtropfen lassen und die Marinade auffangen.
3. Reisnudeln in leicht gesalzenem Wasser bissfest kochen und dann abseihen.
4. Inzwischen Gemüse und Sprossen waschen, putzen und abtropfen lassen. Pak Choi in ca. 1,5 cm dicke Streifen schneiden. Das Weißkraut und die Karotte mit einem Gemüsehobel in Streifen raspeln.
5. Sesamöl erhitzen, die abgetropften Hühnerfiletstreifen darin ca. 5 Minuten scharf anbraten. Die vorbereiteten Nudeln dazugeben und ca. 1 Minute mitbraten. Gemüse und Sprossen beimengen und unter Rühren ca. 30 Sekunden anbraten. Mit der restlichen Marinade aufgießen und einmal aufkochen lassen.
6. Mit gerösteten Haselnüssen, Lauchstreifen, Chili und Limettenvierteln garniert servieren.

SOME LIKE IT HOT! WENN DU ZUR „MIR-KANN'S-NICHT-SCHARF-GENUG-FRAKTION" ZÄHLST, DANN GIB IN DIE MARINADE NOCH 1 TEELÖFFEL SAMBAL OELEK.

MIX & MATCH

Natürlich kannst du statt Hühnerfleisch auch Garnelen, Tofu oder Rindfleisch verwenden.

JAMBALAYA IST EIN EINTOPF, DER URSPRÜNGLICH AUS NEW ORLEANS STAMMT. „GEWÜRZT“ WIRD ES MIT KARIBISCHEM FLAIR UND EINEM HAUCH SÜDSTAATEN-BLUES. OHNE DIE SOGENANNTE „DREIFALTIGKEIT“ – ZWIEBELN, PAPRIKA UND SELLERIE – GEHT BEI EINEM JAMBALAYA GAR NICHTS.

JAMBALAYA

mit Garnelen

20 min × 25 min × 4

1. Paprika entkernen und in grobe Würfel schneiden. Zwiebel schälen und in grobe Würfel schneiden. Knoblauch schälen und fein hacken. Stangensellerie und Tofu in ca. 1 cm große Stücke schneiden. Maiskolben in mundgerechte Scheiben bzw. Stücke schneiden oder abschaben.

2. Zwiebel und Knoblauch im Kokosfett glasig anbraten, mit Zucker bestreuen und kurz karamellisieren lassen. Paprika, Sellerie, Tofu und Reis dazugeben. Alles gut anschwitzen, bis der Reis glasig ist. Mit Gemüsebrühe aufgießen, alle Gewürze und Tomatenmark dazugeben, ohne Deckel ca. 20 Minuten bei mittlerer Hitze köcheln lassen.

3. Zucchini der Länge nach halbieren, Hälften in Scheiben schneiden. Zucchinischeiben und Mais dem Gemüsereis beigeben und weitere 5 Minuten garen lassen.

4. In der Zwischenzeit die Garnelen mit Zitronensaft beträufeln, auf jeder Seite ca. 1 Minute in heißem Fett anbraten und mit Fischgewürz würzen. Das Jambalaya mit Salz und Pfeffer abschmecken und anrichten. Mit Garnelen, Kräutern und eventuell Limettenzesten garnieren.

MIX & MATCH

Je nach Geschmack kannst du dein Jambalaya anstelle von Langkornreis auch mit Gerste, Vollkornreis, Bulgur oder Quinoa zubereiten. Die Garzeit musst du dann der gewählten Getreideart entsprechend anpassen.

Zutaten

2 rote Paprika
1 große Zwiebel
2 Selleriestangen
200 g Räuchertofu
2 Maiskolben, vorgegart (oder ca. 170 g Dosenmais)
1 Knoblauchzehe
2 EL Kokosfett (oder Öl)
1 EL Kristallzucker
150 g Langkornreis
1 l Gemüsebrühe
1 gute Prise Koriander, gemahlen
2 EL edelsüßes Paprikapulver
1 TL süßer Curry
1/2 TL Bohnenkraut, gerebelt
1 Prise Fenchelsamen, ganz
1 EL Tomatenmark
1 Zucchini
Salz, Pfeffer

12 Garnelen, entdarmt
Saft von 1/2 Zitrone
Kokosfett oder Öl zum Braten
Fisch- oder Kräutergewürz nach Belieben und Geschmack (siehe S. 226)

1 Bund Petersilie und/oder Koriander, grob gezupft
evtl. Limettenzesten (Streifen von der Schale einer Limette)

SPICY PAPAYASALAT

mit Garnelen

20 min · 4

Zutaten

Dressing

60 g Erdnussmus
200 ml Kokosmilch light
2 TL rote Currypaste (oder mehr, je nach Geschmack)
1 gute Prise Salz
4 TL Sushi-Essig
2 TL Sesamöl

Salat

1 große, reife Papaya (ca. 800 g)
300 g Karotten (Möhren)
1/2 Chinakohl
16 Garnelen, entdarmt
Saft von 2 Limetten
Öl zum Anbraten
1 gute Prise Salz

Garnitur

1 Bund Koriander, gehackt
80 g geröstete Erdnüsse, gehackt
bunter Pfeffer, geschrotet
4 Limettenspalten

1. Für das Dressing alle Zutaten in einem schmalen, hohen Gefäß mit dem Stabmixer mixen, bis es eine cremige Konsistenz hat.
2. Die Papaya mit einem Gemüseschäler schälen, die Kerne mit einem Löffel entfernen, das Fruchtfleisch in ca. 2 cm große Würfel schneiden. Karotten waschen und mit einem Schäler dünne Streifen abschälen. Den Chinakohl waschen, putzen und feinblättrig schneiden.
3. Die Garnelen mit Limettensaft beträufeln. Etwas Öl in einer Pfanne erhitzen, Garnelen hineinlegen und beidseitig ca. 1 Minute anbraten. Mit Salz würzen.
4. Zum Anrichten Karotten, Papayawürfel und Chinakohl mischen, auf zwei Salatschüsseln aufteilen und mit Dressing beträufeln. Jeden Salat mit vier Garnelen, Koriander, Erdnüssen, Pfeffer und einer Limettenspalte garnieren.

DIDI FACT

Übrigens: Papayas sind reif, wenn die Schale orange bis grüngelb ist und auf leichten Fingerdruck hin nachgibt. Das mit dem Fingerdruck gilt auch für Mangos.

MIX & MATCH

Sollte die Papaya fehlen, kannst du diese auch durch eine saftige Mango ersetzen.

[I WANT TO PARTY]

Gleich mal vorab: Ob deine Party dezent abläuft oder zur Eskalation biblischen Ausmaßes ausufert, ist natürlich deine Sache. So unterschiedlich die Geschmäcker sind, so unterschiedlich laufen Partys ab. Natürlich gibt es Gelegenheiten, die förmlich nach Feiern schreien. Aber eigentlich braucht es für eine Party keinen Grund. Familie und Freunde treffen, essen, trinken, lachen, feiern, das Leben genießen sind eigentlich genügend Gründe für ein Fest.

Ich für meinen Teil finde, dass zu einer richtigen Party auch gutes Essen gehört. Schließlich isst praktisch jeder gern, von manchen Asketen mal abgesehen. Und wenn man dann noch die kulinarische Partyfood-Einbahnstraße verlässt und seine Gäste mit etwas anderem überrascht, macht die Sache erst richtig Spaß. So könnte deine nächste Party das Attribut legendär erhalten.

PARTYEIER

im Ruby-Style mit Avocadocreme

50 min · 5 h · 12

Zutaten

Eier

6 Eier (Gr. M)
80 ml Apfelessig
50 g Rohrohrzucker
1/2 TL Salz
500 ml Rote-Rüben-Saft (Rote-Beete-Saft)

Füllung

1 Avocado, geschält und entkernt
2 TL Olivenöl
4 TL Mayonnaise
1 TL Dijonsenf
Salz, Pfeffer
1–2 TL Currypulver, je nach Geschmack

3 Radieschen, geputzt und in feine Scheiben geschnitten
1/2 Bund Kräuter, (grob) gezupft

1. Die Eier 10 Minuten kochen, mit kaltem Wasser abschrecken und schälen.
2. Zucker und Salz mit dem Apfelessig mischen und unter ständigem Rühren darin auflösen. Mit Rote-Beete-Saft aufgießen.
3. Geschälte Eier einlegen, zudecken, kalt stellen und mindestens 5 Stunden oder über Nacht darin ziehen lassen.
4. Die Eier aus der Marinade heben und trocken tupfen. Jedes Ei der Länge nach halbieren und den Dotter (das Eigelb) mit einem Teelöffel vorsichtig aus den Eihälften schaben. Die Dotter in einer Schüssel beiseitestellen, die Eihälften sorgfältig von Dotterresten befreien.
5. Für die Füllung die Dotter mit den restlichen Zutaten mit dem Stabmixer pürieren. In einen Spritzsack mit Sterntülle füllen und dekorativ in die Eihälften dressieren.
6. Die gefüllten Eier mit Radieschenscheiben und frischen Kräutern garnieren.

DIDI FACT

Die Old-School-Variante der russischen Eier ist mit etwas Didi-Touch auf jeder Party und auch zu Hause am festlich gedeckten Tisch DER Eyecatcher.

ZU HALLOWEEN KANNST DU
DIE EIER MIT KAROTTENSAFT
KNALLORANGE EINFÄRBEN.

In Roter Rübe

GEBEIZTER WILDLACHS

mit Forellenkaviar

20 min | über Nacht im Kühlschrank | 4

1. Für die Beize Wacholderbeeren, Koriander-, Pfefferkörner und Lorbeerblatt mit einem Mörser fein zerstoßen oder in einem elektrischen Zerkleinerer zermahlen. Als Nächstes die Rote Rübe mithilfe eines Gemüsehobels fein raspeln. (Dazu empfehle ich das Tragen von Handschuhen.) Die zerkleinerten Gewürze mit den übrigen Zutaten sowie den Rote-Rüben-Raspeln sorgfältig vermengen.

2. Das Fischfilet in die Mitte eines großen Stückes Frischhaltefolie legen und die Beize gleichmäßig auf dem Filet verteilen. Den Fisch in Frischhaltefolie gut verpacken, mit einem schweren Gegenstand beschweren und über Nacht im Kühlschrank ziehen lassen.

3. Am nächsten Tag den Lachs aus dem Kühlschrank nehmen, Folie entfernen und vorsichtig mit einem Löffel von der Beize befreien. Danach schräg in dünne Scheiben schneiden und mit Olivenöl beträufeln. Mit Oberskren, Forellenkaviar sowie Kräutern garnieren und mit Fischgewürz bestreuen.

FILM AB! BEIZEN MIT ROTER RÜBE

Zutaten

Beize

1 TL Wacholderbeeren
1 TL Korianderkörner
1 TL Pfefferkörner
1 Lorbeerblatt
1 mittelgroße Rote Rübe (Rote Beete), roh
1 EL Salz
2 EL Zucker
abgeriebene Schale von 1 Orange

500 g Wildlachsfilet ohne Haut (oder Thunfisch bzw. Saibling)

1 TL Olivenöl
4 TL Oberskren (Sahnemeerrettich)
4 EL Forellenkaviar
1 TL frische Kräuter, gezupft
1 TL Fischgewürz nach Belieben und Geschmack (siehe S. 226)

DIDI FACT

Ein absoluter Hingucker ist der gebeizte Lachs auf frisch gebackenen Bagels (S. 26), verfeinert mit Frischkäse und garniert mit frischem Dill, Kapern und Zitrone.

OKTOPUSSALAT

20 min × 4 min × 4 Fingerfood

Zutaten

250 g Oktopus, gekocht
80 g Fenchel
80 g roter Paprika
80 g rote Zwiebel
3 EL Olivenöl
140 g Kirschtomaten, halbiert
100 g Orangenfilets
Saft von 1/2 Zitrone
1 EL Knoblauchöl
Salz
Sommersalat (oder Wiesenkräuter)

1. Oktopus in ca. 1,5 cm dicke Scheiben schneiden. Fenchel waschen, putzen und in dünne Scheiben hobeln bzw. schneiden. Paprika waschen, entkernen und in dünne Streifen schneiden. Zwiebel schälen und in dünne Scheiben schneiden.

2. 2 EL Öl erhitzen, Oktopusscheiben ca. 1 Minute darin anbraten. Fenchel, Paprika, Zwiebel und Kirschtomaten dazugeben, kurz mitbraten. Orangenfilets, Zitronensaft, restliches Olivenöl und Knoblauchöl beimengen. Mit Salz abschmecken und auf einem Sommersalat anrichten.

RADICCHIO-RÖLLCHEN

15 min × 1 min × 4 Fingerfood

Zutaten

120 g Radicchio
220 g Gorgonzola, grob geschnitten
8 Scheiben Bauchspeck
2 EL Olivenöl

Zahnstocher zum Fixieren

1. Radicchio waschen, putzen und 8 größere Blätter bereitlegen.
2. Salatblätter mit Gorgonzola füllen. Röllchen mit Speck umwickeln und mit Zahnstochern fixieren.
3. Öl in einer Pfanne erhitzen, Radicchio-Röllchen hineinlegen, rundherum ca. 1 Minute anbraten und warm servieren.

Marinierte SARDELLEN

20 min × 12 h × 4 Fingerfood

Zutaten

12 frische Sardellen (oder tiefgekühlt und aufgetaut)
50 ml Olivenöl
Saft von 1 Zitrone
Salz, Pfeffer
1 TL Oregano, gerebelt
1/4 rote Zwiebel, geschält und fein geschnitten

1. Sardellen waschen und dabei ausnehmen. Auf einigen Lagen Küchenrolle abtrocknen lassen.
2. Restliche Zutaten in einem verschließbaren Gefäß mischen, vorbereitete Fische darin einlegen und über Nacht im Kühlschrank ziehen lassen.
3. Am nächsten Tag mit Fladenbrot (siehe S. 133) oder Soda-Cheddar-Bread (S. 29) servieren.

DIDI FACT

Wer die Sardellen noch etwas saurer mag, kann einen Schuss Weißweinessig beimengen.

MIESMUSCHELN

aus meiner Zeit in der Provence

30 min · 5 min · 4

Zutaten

1 kg Miesmuscheln

4 EL Olivenöl
1 weiße Zwiebel, geschält und fein geschnitten
1 Knoblauchzehe, geschält und fein gehackt
1/2 Fenchel, geputzt und in kleine Würfel geschnitten
1 Karotte (Möhre), geputzt und in kleine Würfel geschnitten
2–3 Tomaten, entkernt und in kleine Würfel geschnitten
200 ml trockener Weißwein
200 ml Gemüsesuppe (Gemüsebrühe)
100 ml Schlagobers (Schlagsahne)
1 Prise Safran
Saft von 1 Zitrone
1/2 Bund Petersilie oder frische Kräuter der Saison, gehackt

einige Zweige Zitronenthymian zum Garnieren
Streifen von der Schale 1 Zitrone

1. Miesmuscheln unter fließendem Wasser gründlich putzen. Vorsicht ist bei beschädigten oder bereits geöffneten Muscheln geboten. Diese solltest du auf keinen Fall mehr verwenden.

2. Öl in einem großen Topf erhitzen, Zwiebel, Knoblauch, Karotten und Fenchel kurz darin anschwitzen. Muscheln hinzufügen und ca. 2 Minuten bei geschlossenem Deckel anbraten. Tomatenwürfel untermischen. Mit Wein ablöschen und diesen ca. 30 Sekunden verkochen lassen. Mit Gemüsesuppe aufgießen, ca. 3 Minuten zugedeckt leicht köcheln lassen. Abschließend mit Schlagobers, Safran, Zitronensaft und gehackter Petersilie verfeinern.

3. Mit Thymian und Zitronenschalestreifen garnieren. Achte beim Servieren darauf, dass sich nur geöffnete Muscheln zum Genuss eignen. Ungeöffnete Muscheln tun deinem Magen nicht gut. Deshalb solltest du sie unbedingt entsorgen.

DIDI FACT

Koche die Muscheln keinesfalls zu lange, da sie sonst zäh wie Gummi werden.

NACH MEINER LEHRE ZOG ES MICH HINAUS IN DIE WELT. ICH WAR NEUGIERIG AUF ANDERE KÜCHEN UND KULTUREN. DABEI HAT ES MICH AUCH INS STERNERESTAURANT LA CABRO D'OR IN DER PROVENCE VERSCHLAGEN. AUS DIESER ZEIT STAMMT DIESES MUSCHELREZEPT.

DIE KOHLEN IM GRILLER GLÜHEN, FLEISCH, SALATE UND SAUCEN STEHEN BEREIT, ABER IRGENDETWAS FEHLT: DAS BROT!!!! HAND HOCH, WEM DAS AUCH SCHON EINMAL PASSIERT IST. ABER KEINE SORGE. MEIN FLADENBROT BESTEHT AUS STANDARDZUTATEN, DIE MAN IMMER ZU HAUSE HAT.

QUICK-&-EASY-FLADENBROT

aus der Pfanne

10 min | 15 min | 10 min | 8

1. Mehl, Backpulver und Salz sorgfältig mischen. Joghurt nach und nach dazugeben, 3–4 Minuten zu einem glatten Teig kneten. Falls der Teig zu weich ist, kann ein Esslöffel Mehl hinzufügt werden. Den Fladenteig mit einem Tuch abdecken und ca. 15 Minuten rasten lassen.

2. Teig in 8 Stücke teilen, Teigstücke auf einer leicht bemehlten Arbeitsfläche zu ca. 5 mm dicken, runden Fladen ausrollen.

3. Butter erwärmen und mit Knoblauch verrühren. Fladen auf einer Seite mit Knoblauchbutter bepinseln, mit der Butterseite nach unten in eine heiße Pfanne legen und auf jeder Seite 2–3 Minuten goldbraun backen und mit Meersalz bestreuen.

Zutaten

200 g Mehl, glatt
3 TL Backpulver
1 Prise Salz
220 g Joghurt (oder griechisches Joghurt)

Mehl zum Arbeiten

80 g Butter zum Bestreichen
2 Knoblauchzehen, geschält und fein gehackt

Grobes Meersalz zum Bestreuen

MIX & MATCH

Perfekt zum Fladenbrot passt mein Tsatsiki (siehe S. 208). Du kannst es aber auch mit gebratenen Hühnerbruststreifen, Zwiebeln, Oliven, Avocados, Pflücksalaten, Dips oder Saucen genießen. Wenn du Knoblauch nicht magst, kannst du das Fladenbrot auch nur mit flüssiger Butter bestreichen und z. B. mit Curry oder Kurkuma würzen.

[WAS MÖCHTEST DU DEINEN KINDERN FÜRS LEBEN MITGEBEN?]

NICHTS als die nackte Wahrheit …

Meine Jungs müssen keine Köche werden. Sie sollen machen, was ihnen Spaß macht. Eines weiß ich aber schon jetzt: Wenn sie nur ein paar von meinen Genen haben, werden sie ihre erste Liebe ganz sicher mit einem Essen verzaubern.

SO EIN ZUPFBROT IST EINE FEINE SACHE: NICHT NUR, WEIL ES EINFACH SPITZENMÄSSIG SCHMECKT. SONDERN AUCH, WEIL SICH JEDER STÜCK FÜR STÜCK HERAUSZUPFEN KANN, OHNE DABEI DAS BROT MIT EINEM MESSER ZU QUÄLEN. ES EIGNET SICH ALSO PERFEKT FÜR PARTYS ODER GRILLEREIEN. DIE MEISTEN WERDEN DABEI ZUM WIEDERHOLUNGSTÄTER.

KRÄUTER-ZUPFBROT

35 min · 60 min · 40–45 min · 4–6 · Kastenform ca. 25 x 12 cm

1. Für den Hefeteig Hefe im lauwarmen Wasser auflösen. Mit Mehl, Zucker und Salz mischen und kneten. Öl löffelweise beimengen, ca. 5 Minuten weiter kneten, bis der Teig geschmeidig ist und sich vom Schüsselrand löst.

2. Den Teig mit den Händen auf einer leicht bemehlten Arbeitsfläche kurz in Form kneten. Anschließend zu einer Kugel formen und diese ca. 1 Stunde abgedeckt an einem warmen Ort gehen lassen, bis sich das Volumen verdoppelt hat.

3. Für die Kräuterbutter die Butter cremig rühren, mit den übrigen Zutaten gründlich vermengen und abschmecken.

4. Den Backofen auf 200 °C Ober- und Unterhitze vorheizen. Form befetten und bemehlen.

5. Den Hefeteig auf einer bemehlten Arbeitsfläche rechteckig ca. 5 mm dünn ausrollen, anschließend gleichmäßig mit Kräuterbutter bestreichen. Mit einem Pizzaroller oder Messer horizontal – je nach Höhe der verwendeten Kastenform – in ca. 8 cm breite Streifen schneiden. Teigstreifen ziehharmonikaartig falten und mit den Falten nach oben in die Form setzen. Mit allen Teigstücken gleich verfahren (von einer Schmalseite der Form zur anderen).

6. Abschließend Ei mit Milch verquirlen, die Teigoberfläche damit bestreichen und mit etwas grobem Salz bestreuen. 40–45 Minuten backen. In der Form überkühlen lassen.

FILM AB! ZUPFBROT FALTEN

Zutaten

Hefeteig

30 g frische Hefe
250 ml lauwarmes Wasser
450 g Mehl, glatt
1 Prise Kristallzucker
1 TL Salz
2 EL Olivenöl
Butter und Mehl für die Form

Kräuterbutter

100 g weiche Butter
2 EL gehackte Kräuter (Schnittlauch, Basilikum, Bärlauch etc.)
1/2 Zwiebel, geschält und fein geschnitten
1 Knoblauchzehe, geschält und gehackt
Saft von 1/4 Zitrone
Salz, Pfeffer

1 Ei (Gr. M) und 1 EL Milch zum Bestreichen
grobes Meersalz

[HEISS, HEISS BABY]

Wie du deinen Lieblingsmenschen sprichwörtlich einkochst und für prickelnde Momente sorgst, zeige ich dir auf den nächsten Seiten.

Die Kunst liegt darin, Appetit auf mehr zu machen. Was du unter Appetit verstehst, ist natürlich deine Sache. Aber eines solltest du unbedingt bedenken: Die Gerichte dürfen nicht zu schwer sein, denn wenn ihr beide nach dem Essen nur noch müde seid, rückt die Liebe in den Hintergrund. Da kann man nur noch sagen: Adieu finesse, bon jour tristesse!

Raffiniert und leicht zugleich – das ist die hohe Kunst der kulinarischen Verführung. Leichtes Fingerfood als Ouvertüre ist immer gut. Fisch- und Meeresfrüchte im Anschluss lassen die Spannung steigen. Den Gipfel kulinarischer Ekstase erklimmst du auf alle Fälle mit herrlich fruchtigen Himbeer-Crinkle-Cookies. Der Rest ist Schweigen …

Zweierlei von der

JAKOBSMUSCHEL

Frühling/Sommer

15 Minuten | 2

Zutaten

Limetten-Kapern-Marmelade

100 g Kristallzucker
6 Limetten (oder Zitronen), filetiert, samt aufgefangenem Saft
50 g kleine Kapern aus dem Glas oder 2 EL (30 g) Rosinen

Gebratener Karfiol (Blumenkohl)

200 g Karfiolröschen, geputzt
Öl zum Braten
Salz

10 Jakobsmuscheln, geputzt und ohne Schale
Salz, Pfeffer
Öl zum Braten

Große Kapern mit Stiel als Deko

FILM AB! LIMETTEN-KAPERN-MARMELADE

1. Für die Marmelade den Zucker leicht karamellisieren, restliche Zutaten beimengen, einkochen bis die Marmelade eine musartige Konsistenz hat.

2. Die Karfiolröschen in 5 mm dünne Scheiben schneiden. Scheiben auf jeder Seite ca. 1 Minute in heißem Öl anbraten und mit Salz würzen. In derselben Pfanne die mit Salz und Pfeffer gewürzten Jakobsmuscheln ebenfalls auf jeder Seite ca. 1 Minute anbraten.

3. Jakobsmuscheln mit den gebratenen Karfiolröschen und der Marmelade und mit großen Kapern anrichten.

MIX & MATCH

Ich serviere die Muscheln auch gerne mit Salbeiblättern, großen Kapern oder einem kleinen Salatbouquet. Wenn du es leicht süßlich magst, kannst du auch noch einen Esslöffel Rosinen zur Marmelade geben.

Zweierlei von der

JAKOBSMUSCHEL

Herbst/Winter

15 Minuten | 2

1. Für die Parmesansauce alle Zutaten in einem schmalen, hohen Gefäß mit einem Stabmixer mixen, bis die Sauce eine homogene Konsistenz bekommt. Anschließend nochmals mit Salz und Pfeffer abschmecken.

2. Jakobsmuscheln würzen und in heißem Öl auf jeder Seite ca. 1 Minute goldbraun anbraten. Sofort mit der Sauce, Parmesanhobeln und Kräutern servieren.

MIX & MATCH

Ob du's glaubst oder nicht, aber zu diesem Gericht passt auch hervorragend gebratener Speck. Einige Tropfen Trüffelöl bringen das Rezept auf Haubenniveau.

Zutaten

Parmesansauce

50 ml Schlagobers (Schlagsahne)
3 EL Parmesan, gerieben
2–3 EL Sauerrahm (saure Sahne, Schmand)
Salz, Pfeffer
Saft von 1 Zitrone

10 Jakobsmuscheln, geputzt und ohne Schale
Salz, Pfeffer
Öl zum Braten

grobe Parmesanhobel
Kräuter, grob gezupft

SCAMPI

in Orangen-Ingwer-Sauce

25 min | 2

Zutaten

Orangen-Ingwer-Sauce

2 EL Kristallzucker
200 ml Orangensaft, frisch gepresst
10 g Ingwer, fein gehobelt
Chili nach Geschmack
2 TL Maisstärke
2 EL kaltes Wasser

125 g Quinoa

Gebratene Scampi

10 Scampi, entdarmt
Salz, Pfeffer
Öl zum Braten
Saft von 1/2 Zitrone

Frisée- und Vogerlsalat (Feldsalat), gewaschen
Salz
Essig und Öl zum Marinieren

3 Zweige frischer Koriander, gezupft

1. Zucker in einer Pfanne erhitzen und hellbraun karamellisieren lassen. Unter Rühren mit Orangensaft ablöschen, Ingwer und Chili beimengen, Sauce ca. 5 Minuten leicht köcheln lassen. Maisstärke mit Wasser glatt rühren, in die Sauce einrühren und nochmals kurz erhitzen.

2. Quinoa mit heißem Wasser abspülen, damit die Bitterstoffe entweichen können. In einer Kasserolle mit der doppelten Wassermenge ca. 10 Minuten leicht köcheln lassen. Danach die Herdplatte abschalten und Quinoa ca. 10 Minuten offen ausquellen lassen.

3. Scampi mit Salz und Pfeffer würzen und kurz ziehen lassen. In heißem Öl anbraten und anschließend mit Zitronensaft beträufeln.

4. Quinoa auf zwei Tellern anrichten, Salat darauf verteilen, mit Salz, Essig und Öl marinieren. Scampi und Orangen-Ingwer-Sauce darüber verteilen. Mit Koriander garniert servieren.

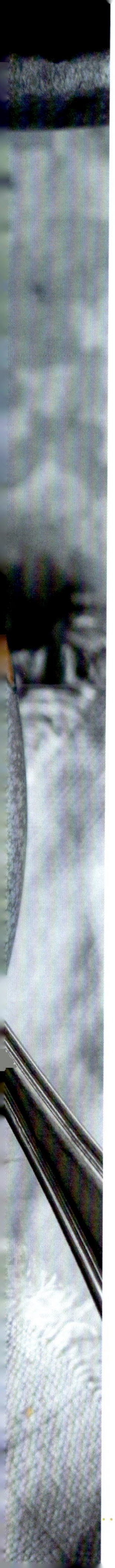

SCAMPI PIRI PIRI

25 Minuten · 2

1. Öl erhitzen, Zwiebel, Knoblauch und Chilis darin ca. 1 Minute anrösten. Scampi hineinlegen und beidseitig anbraten. Restliche Zutaten untermischen und das Ganze ca. 2 Minuten braten.
2. Noch warm mit knusprigem Kräuter-Zupfbrot servieren. Das Brot findest du auf S. 137.

EIN AUSGESPROCHENER „SCHARFMACHER" SIND DIE PIRI PIRI. DER NAME PIRI PIRI BEDEUTET AUF SWAHILI EINFACH „PFEFFER PFEFFER". DAS SAGT EIGENTLICH SCHON ALLES AUS.

Zutaten

- 3 EL Olivenöl
- 1/4 Zwiebel, geschält und in feine Streifen geschnitten
- 2–3 Knoblauchzehen, geschält und gepresst
- 2 Chilis, halbiert
- 10 Scampi, entdarmt
- 1/2 roter Paprika, entkernt und in Streifen geschnitten
- 1/2 grüner Paprika, entkernt und in Streifen geschnitten
- 1 TL Paprikapulver
- Saft von 1/2 Zitrone
- 1 TL Kristallzucker
- Salz, Pfeffer
- 1/2 Limette, in schmale Scheiben geschnitten

SAIBLING

in Salzkruste

25 min · 30 min · 2

Zutaten

500 g Saibling im Ganzen, ausgenommen
3 Eiklar (Eiweiß)
750 g Salz, grobkörnig
1 Zitrone, in Scheiben geschnitten
1 Zweig Thymian
1 Zweig Rosmarin
Olivenöl

Beurre blanc (Weiße Buttersauce)
200 g Butter
100 ml trockener Weißwein
200 ml Orangensaft, frisch gepresst
1 Prise Piment
1 Prise Kardamom
Salz, Pfeffer

1. Das Backrohr auf 200 °C Umluft vorheizen.

2. Den Fisch gründlich mit kaltem Wasser abspülen und trocken tupfen. Eiklar zu Schnee schlagen, Salz einrühren. Ein wenig von der Salzmischung auf ein mit Backpapier belegtes Backblech streichen. Den Bauchraum des Fisches mit Zitronenscheiben und Kräutern füllen, Fisch auf die Salzmischung legen. Die restliche Salzmischung auf den Fisch geben und so verstreichen, dass er vollständig bedeckt ist. Den Saibling anschließend ca. 30 Minuten backen.

3. Für die Beurre blanc die Butter unter ständigem Rühren gold- bis nussbraun erhitzen, mit Weißwein ablöschen, ca. 2 Minuten leicht köcheln lassen. Restliche Zutaten beimengen, nochmals ca. 15 Minuten leicht köcheln lassen – dabei die Flüssigkeit um mehr als die Hälfte reduzieren. Die Sauce vor dem Servieren mit dem Stabmixer mixen und abschmecken.

4. Nach dem Backen die harte Salzkruste mit dem Rücken eines Esslöffels vorsichtig aufschlagen und entfernen. Den freigelegten Fisch vorsichtig filetieren. Mit Olivenöl beträufeln oder mit Beurre blanc servieren.

DURCH DIE SALZSCHICHT GESCHÜTZT, BEHÄLT DER FISCH SEIN EIGENAROMA UND BLEIBT UNVERGLEICHLICH ZART UND SAFTIG. DER KLASSIKER IN SALZKRUSTE IST ÜBRIGENS DER WOLFSBARSCH ODER BRANZINO.

PAILLARD VOM RIND

mit marinierten Artischocken und Nüssen

20 min × 2 min × 2

Zutaten

2 Rindschnitzel à 100 g (oder Rindsfilet)
Olivenöl
Salz, Pfeffer

Vinaigrette

1 EL Balsamicoessig mit hohem Reifegrad
1 EL Olivenöl
1 EL Rindsuppe
1 EL Rotweinessig
1 EL Naturjoghurt
Salz, Pfeffer

60 g Rucola, gewaschen
6 getrocknete Tomaten, abgetropft
4 marinierte Artischocken, abgetropft
2 EL Walnüsse (oder Pinienkerne)
40 g Parmesan, gehobelt
Petersilie, grob gezupft

1. Ein Stück Frischhaltefolie mit Öl bestreichen, ein Rindschnitzel auf eine Folienhälfte legen, restliche Folie darüberschlagen. Fleisch ca. 2 mm dünn klopfen und beiseitelegen. Mit dem zweiten Rindschnitzel ebenso verfahren.

2. Für die Vinaigrette alle Zutaten in einem schmalen, hohen Behälter mit dem Stabmixer pürieren.

3. Olivenöl erhitzen. Das Rindspaillard salzen, pfeffern und im heißen Öl auf jeder Seite ca. 30 Sekunden scharf anbraten. Herausnehmen und auf Tellern anrichten.

4. Rucola, Tomaten und Artischocken in mundgerechte Stücke schneiden und zusammen mit den Walnüssen auf dem Fleisch verteilen. Mit Parmesan und Petersilie bestreuen, mit Vinaigrette beträufeln.

MIR PERSÖNLICH SCHMECKT DAS RINDSPAILLARD AM BESTEN, WENN MAN DAS FLEISCH AUF DEM HOLZKOHLE- ODER GASGRILL ZUBEREITET.

NICHTS als die nackte Wahrheit ...

Ja und deshalb tue ich auch etwas für meinen Körper. Ganz ehrlich: Man fühlt sich einfach besser, wenn man gesund und frisch ist. Das strahlt man aus — so wie eine Zitrone, nur weniger sauer!

PAVLOVA – KLINGT AUSGESPROCHEN RUSSISCH, ODER? DER WITZ AN DER SACHE: DIE PAVLOVA STAMMT EIGENTLICH AUS AUSTRALIEN! MEINE VERSION – AUSSEN KNACKIG, INNEN LUFTIG – IST IN KOMBINATION MIT FRÜCHTEN UND JOGHURT EIN DESSERT MIT SUCHTFAKTOR.

Himmlische

MINI-PAVLOVA

15 min | 60–70 min | 8

1. Den Backofen auf 100 °C Ober- und Unterhitze vorheizen, ein Backblech mit Backpapier belegen.
2. Eiklar, Zucker und Backpulver über einem heißen Wasserbad zu einer dickcremigen Schaummasse aufschlagen. Ca. 5 Minuten weiter schlagen, bis die Masse glänzt und sehr steif ist. Vanilleextrakt und Limettenschale vorsichtig unterziehen.
3. Mithilfe von zwei Esslöffeln 8 Häufchen auf das vorbereitete Backblech setzen. Bei jedem mittig eine Mulde formen und im Backofen 60–70 Minuten trocknen lassen.
4. Zum Servieren in jede Mulde ca. 2 EL Joghurt geben und mit frischen Früchten garnieren.

Zutaten

3 Eiklar (Eiweiß)
120 g Kristallzucker
1/2 TL Backpulver
1 TL Vanilleextrakt
abgeriebene Schale von 1 Limette

200 g griechisches Joghurt
frische Früchte der Saison

MIX & MATCH

Diese luftig-leichte Schaummasse ist herrlich wandelbar und eignet sich ungebacken (also ohne Backpulver) auch als Füllung für die Schaumrollen (siehe S. 164).

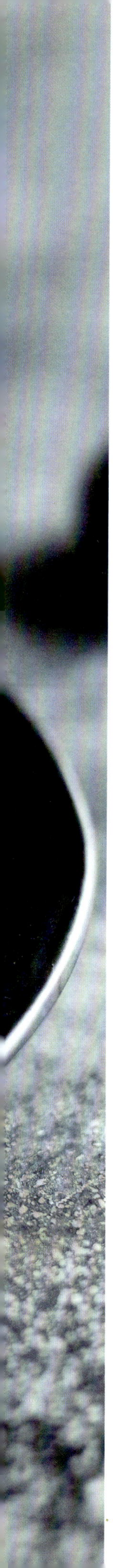

Very Berry

CRINKLE COOKIES

35 min · mind. 3 h · 14 min · 24–26

Zutaten

75 g weiche Butter
170 g Kristallzucker
1 TL Vanilleextrakt
1 Prise Salz
1 Ei (Gr. M), raumtemperiert
120 g Himbeeren, frisch oder aufgetaut
1/2 TL Backpulver
220 g Mehl, glatt
evtl. rote Lebensmittelfarbe

ca. 50 g Staubzucker (Puderzucker) zum Wälzen

1. Butter, Zucker, Vanilleextrakt und Salz ca. 2–3 Minuten auf höchster Mixerstufe cremig rühren. Das Ei einrühren, auf niedriger Stufe die Himbeeren nach und nach unterrühren. Das mit Backpulver versiebte Mehl rasch einarbeiten. Bei Bedarf die Masse mit roter Lebensmittelfarbe nachfärben.
2. Die Cookie-Masse mindestens 3 Stunden, oder über Nacht im Kühlschrank rasten lassen, damit sie beim Verarbeiten gut durchgekühlt ist.
3. Den Backofen auf 170 °C Ober- und Unterhitze vorheizen.
4. Die Cookie-Masse rasch zu pralinengroßen Kugeln formen. Sollte die Masse dabei sehr klebrig sein, dann die Hände zwischendurch immer wieder mit Wasser befeuchten. Kugeln in Staubzucker wälzen, mit ausreichendem Abstand auf ein mit Backpapier belegtes Blech setzen, da sie beim Backen auseinanderlaufen. Ca. 14 Minuten backen und auskühlen lassen.

DIDI FACT

Damit die Cookies die typischen Risse bekommen, braucht es die richtige Menge Zucker und die passende Temperatur. Wie du richtig damit umgehst, zeige ich dir im folgenden Video.

FILM AB! CRINKLE COOKIES

MIX & MATCH

Die Cookies können auch mit Erdbeeren, Schokolade, Zitrone, Kaffee etc. zubereitet werden. Falls du ein Fan von kräftigen Farben bist, kannst du auch mit Lebensmittelfarbe nachhelfen.

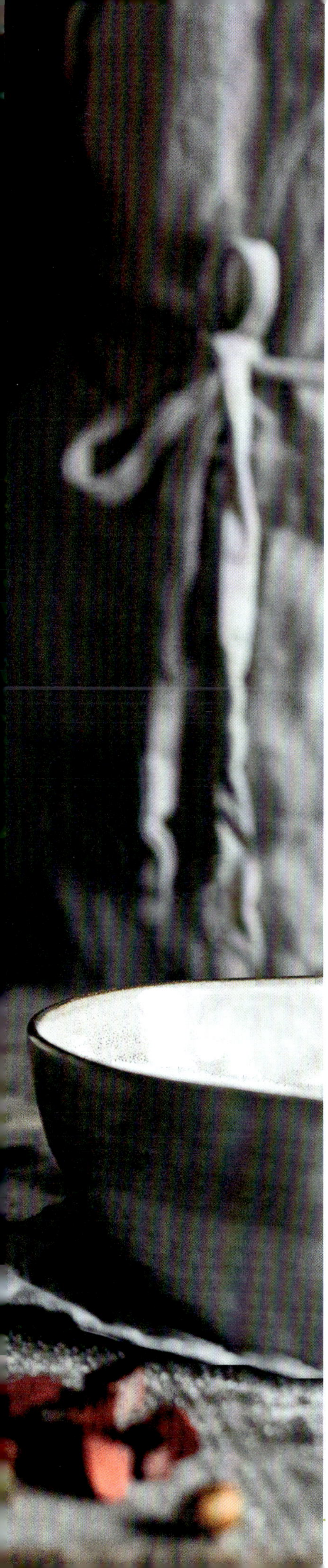

[NASCHKRAM]

Himmelhoch jauchzend? Nein, heute leider nicht. Es ist einer dieser Tage, an dem man praktisch mit dem falschen Fuß aufgestanden ist. Kommt dir das bekannt vor? Der Tag scheint gelaufen, bevor er überhaupt richtig begonnen hat. So ist das manchmal.

Manche werden jetzt vielleicht den mahnenden Ernährungsexperten-Zeigefinger heben, aber meine Geheimwaffe gegen schlechte Laune ist fruchtiger Mohngugelhupf mit Granatapfelglasur oder eine Bienenstichtorte mit Vanillecreme. Ein Stück davon genügt und die Welt ist wieder in Ordnung. Und schließlich habe ich ja nicht jeden Tag schlechte Laune …

BIENENSTICHTORTE

60 min × 80 min × 35 min × 12 × Springform Ø 26 cm

Zutaten

Hefeteig

30 g frische Hefe
150 ml lauwarme Milch
340 g Mehl, glatt
60 g Kristallzucker
1 Prise Salz
60 g flüssige Butter (nicht heiß)
Butter und Mehl für die Springform

Vanillecreme

1 Pkg. Vanillepuddingpulver
400 ml Milch
55 g Kristallzucker
1 Pkg. Vanillezucker
250 ml Schlagobers (Schlagsahne)
2 Pkg. Sahnesteif

Mandel-Topping

60 g Butter
50 ml Schlagobers (Schlagsahne)
2 TL Vanillearoma
45 g Kristallzucker
1 EL Honig
100 g gehobelte Mandeln

1. Für den Hefeteig die Hefe in der lauwarmen Milch auflösen. Alle trockenen Zutaten vermengen, mit der Hefe-Milch-Mischung und der Butter mischen und ca. 5 Minuten zu einem glatten Teig kneten. Teig zu einer Kugel formen und zugedeckt ca. 1 Stunde an einem warmen Ort gehen lassen, bis sich das Volumen verdoppelt hat.

2. Inzwischen für die Vanillecreme das Puddingpulver mit 6 EL Milch und dem Zucker glatt rühren. Restliche Milch aufkochen lassen, das angerührte Puddingpulver einrühren und unter ständigem Rühren kurz aufkochen lassen. Den Topf vom Herd nehmen, zudecken, die Creme abkühlen lassen und anschließend im Kühlschrank kalt stellen. Schlagobers kurz schaumig rühren, Sahnesteif einrieseln lassen und danach auf höchster Stufe steif schlagen. Zugedeckt im Kühlschrank kalt stellen.

3. Parallel dazu den Backofen auf 180 °C Ober- und Unterhitze vorheizen. Den Boden der Springform mit Backpapier auslegen.

4. Den Hefeteig auf einer bemehlten Arbeitsfläche auf die Größe der Springform ausrollen, in die Form legen und bis an den Formenrand ziehen. Anschließend nochmals ca. 20 Minuten zugedeckt an einem warmen Ort gehen lassen.

5. In der Zwischenzeit für das Mandel-Topping alle Zutaten bis auf die Mandeln langsam erhitzen. Dabei darauf achten, dass nichts anbrennt. Einmal aufkochen lassen, unter gelegentlichem Umrühren etwas einkochen lassen, bis die Masse eine sirupartige Konsistenz hat. Den Topf vom Herd ziehen und die Mandeln einrühren. Das Mandel-Topping etwas abkühlen lassen und anschließend esslöffelweise auf dem Hefeteig verstreichen. Ca. 35 Minuten goldbraun backen.

6. Nach dem Backen den Hefeteig sofort mithilfe einer Palette oder eines Messers vom Formenrand lösen, dabei die Springform vorsichtig öffnen. Den Tortenboden vollständig erkalten lassen und danach einmal waagrecht durchschneiden.

7. Die Puddingcreme mit Schlagobers glatt verrühren. Die Vanillecreme auf den unteren Tortenboden gleichmäßig verteilen. Boden mit dem Mandel-Topping darauflegen und leicht andrücken. Die Torte mindestens 2 Stunden im Kühlschrank kalt stellen.

DIDI FACT

Ganz leicht geht das Portionieren der Torte, wenn du den Tortendeckel mit dem Mandel-Topping noch vor dem Aufsetzen auf die Creme mit einem scharfen Messer in 12 Stücke teilst und diese reihum zurück auf die Torte setzt. Drücke die Stücke leicht an, damit sie sich mit der Creme gut verbinden.

Blueberry

SWIRL CAKE

35 min · 60 min · 8 · Backform ca. 23 x 20 cm

Zutaten

Gelee

200 g Heidelbeeren (Blaubeeren)
50 g Kristallzucker (Kokosblütenzucker etc.)
Saft von 1/2 Zitrone

Kuchenboden

150 g Kekse (Butterkekse, Haferkekse etc.)
60 g Kokosraspel
abgeriebene Schale von 1 Zitrone
90 g flüssige Butter
Butter für die Form

Cheesecake-Masse

500 g Frischkäse natur (Doppelrahmstufe)
250 g Sauerrahm (saure Sahne, Schmand)
200 g Feinkristall- oder Backzucker
1 EL Vanilleextrakt
Saft von 1/2 Zitrone
25 g Mehl, glatt
3 Eier (Gr. M)

1. Den Backofen auf 180 °C Ober- und Unterhitze vorheizen. Den Boden der Backform mit Backpapier auslegen, den Rand befetten.

2. Für das Gelee Heidelbeeren mit Zucker und Zitronensaft bei mittlerer Hitze aufkochen lassen. Unter Rühren auf niedriger Stufe ca. 10 Minuten weiter köcheln lassen, bis die Masse eindickt und ein Gelee entsteht. Gelee beiseitestellen und abkühlen lassen.

3. Für den Kuchenboden die Kekse in einen Frischhaltebeutel geben und mithilfe eines Nudelholzes gleichmäßig zerbröseln. Kekskrümel mit Kokosraspeln, Zitronenabrieb und Butter zu einer sandigen Masse verarbeiten. Masse in der vorbereiteten Backform gleichmäßig verteilen und mit einer Teigkarte festdrücken. Den Kuchenboden im Backofen 12 Minuten vorbacken und dann auskühlen lassen. Die Ofentemperatur danach auf 150 °C reduzieren.

DIDI FACT

Der Blueberry Swirl Cake ist so ähnlich wie ein Cheese-Cake, weil viel Frischkäse enthalten ist. Ich persönlich gebe gerne etwas Sauerrahm dazu, weil der dem Ganzen noch mehr Raffinesse gibt.

MIX & MATCH

Den nötigen Dreh kannst du diesem herrlich cremigen Kuchen statt mit Heidelbeeren auch mit Marillen verpassen.

4. Für die Cheesecake-Masse Frischkäse, Sauerrahm, Zucker, Vanilleextrakt, Zitronensaft und Mehl cremig rühren. Die verquirlten Eier vorsichtig untermengen, bis die Masse eine homogene Konsistenz hat. Masse auf dem Kuchenboden verteilen und mit der Teigkarte gleichmäßig verstreichen. Zum Schluss das ausgekühlte Heidelbeergelee in Klecksen auf der Masse verteilen und mit einem Messer oder Stäbchen etwas verwirbeln.

5. Die befüllte Backform noch einmal kurz auf die Arbeitsfläche klopfen, damit eingeschlossene Luftblasen entweichen können. Die Masse ca. 50 Minuten backen. Der Kuchen soll außen leicht braun sein und im Mittelteil leicht wabbelig bleiben. Anschließend in der Form auskühlen und im Kühlschrank gut durchkühlen lassen.

DIDI FACT

Den ausgerollten Teig über das Nudelholz aufrollen und anschließend einfach über der Backform abrollen – so vermeidest du, dass der Teig reißt.

CLASSIC APPLE PIE

40 min · 60 min · 45 min · 8–12 · Tarteform Ø 25 cm

Zutaten

Mürbteig

420 g Mehl, glatt
1 Prise Salz
30 g Staubzucker (Puderzucker)
200 g kalte Butter, klein gewürfelt
2 Dotter (Eigelb, Gr. M)
6 EL kaltes Wasser

Mehl zum Bearbeiten
Butter für die Form

Apfelfüllung

6 säuerliche Äpfel (z. B. Braeburn)
Saft von 1 Zitrone
2 TL Speisestärke
2 EL brauner Zucker (oder Rohrohrzucker)
1 EL Vanilleextrakt
Zimt und/oder Kardamom nach Geschmack
evtl. 1 EL Rum

1 Ei (Gr. M) und 2 EL Milch zum Bestreichen

Staubzucker (Puderzucker) zum Bestreuen

1. Für den Mürbteig Mehl, Salz und Zucker vermengen. Mit den Butterwürfeln rasch abbröseln. Eine kleine Mulde formen, die mit Wasser verquirlten Dotter hineinleeren und rasch zu einem glatten Teig kneten. Teig zu einer Kugel formen, in Frischhaltefolie wickeln und ca. 1 Stunde im Kühlschrank rasten lassen.
2. In der Zwischenzeit die Äpfel schälen, in Würfel schneiden und sofort mit dem Zitronensaft mischen, damit sie nicht braun werden. Mit den restlichen Zutaten gut vermengen.
3. Den Backofen auf 180 °C Ober- und Unterhitze vorheizen, die Tarteform leicht befetten.
4. Den Mürbteig halbieren. Eine Hälfte in den Kühlschrank geben, die andere auf einer leicht bemehlten Arbeitsfläche rund auf einen Durchmesser von ca. 30 cm ausrollen. Tarteform mit dem Teig auslegen, dabei soll der Teig mit der Oberkante der Form bündig abschließen. Apfelfüllung einfüllen und gleichmäßig verteilen.
5. Die zweite Teighälfte auf einen Durchmesser von ca. 24 cm ausrollen, auf die Füllung legen, evtl. überstehende Teigränder abschneiden bzw. Teigränder gut andrücken. Oberfläche sternförmig einschneiden, damit die Hitze beim Backen entweichen kann. Danach mit der Ei-Milch-Mischung bestreichen und ca. 45 Minuten backen.
6. Noch warm mit Staubzucker bestreuen und servieren.

Easy

SCHAUMROLLEN

25 min | 15 min | 10–12 Stück Schaumrollenformen ca. 13 cm lang, Ø 2,5 cm

Zutaten

1 Pkg. Blätterteig (ca. 240 g)

1 Ei (Gr. M), verquirlt, zum Bestreichen

Butter für die Formen

Staubzucker (Puderzucker) zum Bestreuen

Schaumrollenfülle (siehe Palova-Masse, S. 153, aber ohne Backpulver)

1. Den Backofen auf 200 °C Ober- und Unterhitze vorheizen. Ein Backblech mit Backpapier belegen, Schaumrollenformen befetten.

2. Den Blätterteig in 15 cm lange und 2,5 cm breite Streifen schneiden. Die Teigstreifen auf die befetteten Schaumrollenformen wickeln, mit dem Schluss nach unten auf das vorbereitete Backblech legen und mit verquirltem Ei bestreichen. Ca. 15 Minuten goldbraun backen, noch heiß von den Formen lösen und auskühlen lassen.

3. Die Schaumrollenfüllung in einen Spritzsack mit passender Lochtülle füllen und die Blätterteigröllchen damit von beiden Seiten füllen. Mit Staubzucker bestreut servieren.

FILM AB! DER DREH MIT DEN SCHAUMROLLEN

DIDI FACT

Achte beim Aufrollen der Teigstreifen darauf, dass du am Anfang und am Ende ein paar Millimeter Abstand zum Rand der Form hältst, da sich sonst das Blätterteigröllchen nach dem Backen sehr schwer von der Form löst.

LEMON DRIZZLE CAKE

60 min · 40–45 min · 10–12 · Kastenform ca. 25 x 11 cm

1. Den Backofen auf 180 °C Ober- und Unterhitze vorheizen, die Form befetten und bemehlen.
2. Eier mit Zucker auf höchster Mixerstufe mindestens 1 Minute cremig aufschlagen. Auf mittlerer Stufe den Sauerrahm einrühren, anschließend das Öl löffelweise einfließen lassen. Kakaopulver, geriebene Mandeln und Vanilleextrakt nach und nach einrühren. Das mit Backpulver versiebte Mehl, Salz und Zitronenabrieb auf niedrigster Stufe kurz untermengen. Masse in die vorbereite Form füllen und 40–45 Minuten backen.
3. In der Zwischenzeit Zitronensaft, Zitronenabrieb und Zucker gut verrühren, bis die Mischung eine sirupartige Konsistenz hat.
4. Nach dem Backen den Kuchen stürzen und sofort wieder umdrehen. Mit einem Spieß oder Holzstäbchen tiefe Löcher in den Kuchen stechen. Die Kuchenoberfläche mit dem Zitronensirup gleichmäßig beträufeln, damit der Kuchen die Flüssigkeit gut aufsaugen kann. Auskühlen lassen und mit kandierten Zitronenscheiben und Zitronenzesten garnieren.

Zutaten

Kuchen

4 Eier (Gr. M), raumtemperiert
170 g Kristallzucker
150 g Sauerrahm (saure Sahne, Schmand)
80 ml Maiskeimöl
80 g weißer Backkakao (alternativ weiße Trinkschokolade)
100 g geriebene Mandeln
1 TL Vanilleextrakt
130 g Mehl, glatt
3 TL Backpulver
1 Prise Salz
abgeriebene Schale von 2 Zitronen
Butter und Mehl für die Form

Drizzle

Saft von 1 Zitrone
abgeriebene Schale von 1 Zitrone
3 EL Staubzucker (Puderzucker)

kandierte Zitronenscheiben
Zitronenzesten (Streifen von der Schale einer Zitrone)

DIDI FACT

Was ist eigentlich ein Drizzle Cake? Drizzle bedeutet übersetzt so viel wie Nieseln, Beträufeln, Sprühregen. Ein Drizzle Cake ist also salopp ausgedrückt ein Tröpfchenkuchen, in den nach dem Backen Löcher gestochen werden, durch welche die Mischung aus Zitronensaft und Zucker in den Kuchen sickert. So bleibt der Drizzle Cake tagelang herrlich saftig und zum Reinbeißen gut.

Der saftigste

ZWETSCHKENKUCHEN

der Welt

20 min | 45 min | 16 | rechteckige Springform ca. 38 x 25 cm

Zutaten

9 Eier (Gr. M), raumtemperiert
1 Prise Salz
1 Pkg. Vanillezucker
400 g weiche Butter
200 g Kristallzucker
1 Prise Zimt
abgeriebene Schale von 1 Zitrone
400 g Mehl, glatt
3 TL Backpulver
ca. 1,5 kg Zwetschken (Zwetschgen), halbiert und entkernt

Butter für die Form
Staubzucker (Puderzucker)

1. Den Backofen auf 160 °C Ober- und Unterhitze vorheizen. Den Boden der Springform mit Backpapier auslegen, dann den Rahmen einspannen und den Rand befetten.
2. Die Eier trennen.
3. Butter cremig aufschlagen, mit Zucker, Zimt und Zitronenschale verrühren. Dotter nach und nach einrühren. Das mit Backpulver versiebte Mehl unterrühren.
4. Eiklar, Salz und Vanillezucker zu Schnee schlagen und unter die Masse heben.
5. Die Masse gleichmäßig in der Form verstreichen, mit Zwetschken belegen und ca. 45 Minuten backen.
6. Den Zwetschkenkuchen auskühlen lassen und mit Staubzucker bestreut servieren.

EGAL MIT WELCHEM OBST DU DIESEN KUCHEN BELEGST – ER IST IMMER MEGA-SAFTIG. MEINE LIEBLINGSVARIANTE IST ÜBRIGENS TRAUBE-NUSS.

Flaumige

MARILLENBUCHTELN

mit Vanillesauce

30 min × 45 min × 20 min × 12 × Backform (ca. 25 x 15 cm)

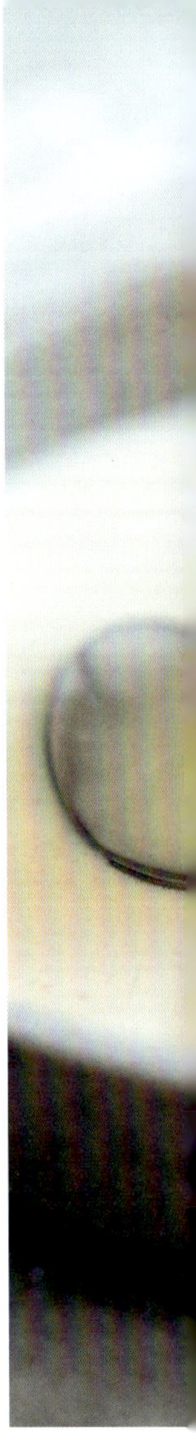

Zutaten

Hefeteig

7 g Trockenhefe (oder 16 g frische Hefe)
120 ml lauwarme Milch
130 g Mehl, glatt
150 g Mehl, griffig
1 Ei (Gr. M), raumtemperiert
1 Dotter (Eigelb), raumtemperiert
30 g weiche Butter
30 g Staubzucker (Puderzucker)
1 Prise Salz
2 TL Vanilleextrakt
80 g flüssige Butter zum Bestreichen

Füllung

250 g Marillenmarmelade (Aprikosenkonfitüre)

Vanillesauce

20 g Kristallzucker
1 Pkg. Vanillezucker
3 Dotter (Eigelb)
1 TL Vanilleextrakt
125 ml Schlagobers (Schlagsahne)
150 ml Milch

1. Für den Hefeteig die lauwarme Milch in die Rührschüssel der Küchenmaschine geben und die Hefe darin auflösen. Restliche Zutaten beimengen, mit dem Knethaken ca. 5 Minuten zu einem glatten Teig kneten, der sich vom Schüsselrand löst. Teig mit einem Tuch bedecken und an einem warmen Ort mindestens 30 Minuten gehen lassen.

2. Die Backform mit etwas flüssiger Butter bestreichen. Den Teig in 12 Stücke teilen, jedes Teigstück zu einer Kugel formen. Teigkugel auf der Handfläche zu einer Scheibe flachdrücken, je einen Löffel Marmelade in die Mitte setzen und die Teigenden sorgfältig zu einem Beutel verschließen.

3. Gefüllte Buchteln in flüssige Butter tauchen bzw. rundherum damit bestreichen, mit dem Schluss nach unten, eng aneinander in die vorbereitete Backform setzen und zugedeckt weitere 15 Minuten an einem warmen Ort gehen lassen.

4. Inzwischen den Backofen auf 180 °C Ober- und Unterhitze vorheizen. Die Buchteln nach der Gehzeit ca. 20 Minuten goldbraun backen.

FILM AB! TRICKS ZUM FÜLLEN

FILM AB! VANILLESAUCE LEICHT GEMACHT

WERDEN BUCHTELN NUN MIT MARILLENMARMELADE ODER POWIDL GEFÜLLT? BEIM MATCH „TEAM MARILLE“ GEGEN „TEAM POWIDL“ GEHT ES IMMER HEISS HER. EIGENTLICH IST ES JA EGAL – WOBEI DIE MARILLENBUCHTELN SCHON EIN WENIG BESSER SIND.

5. Währenddessen für die Vanillesauce Kristallzucker, Vanillezucker und Dotter ca. 3 Minuten schaumig rühren. Vanilleextrakt einrühren. Schlagobers und Milch erhitzen, kurz vor dem Aufkochen die Dottermasse unter ständigem Rühren beigeben. Bei mittlerer Hitze so lange weiter rühren, bis die gewünschte Konsistenz erreicht ist.

6. Die Buchteln mit Staubzucker bestreuen und sofort mit Vanillesauce servieren.

FUNNY SOFT-DROPS

10 min | 5 h | tiefe Form ca. 15 x 15 cm

Zutaten

Orangen-Ingwer-Gelee

7 Blatt Gelatine
250 ml Orangensaft, frisch gepresst
5 g Ingwer, geschält und gerieben
150 g Gelierzucker 2 : 1
evtl. 1 Schuss Grand Marnier (Bitterorangenlikör)

2 EL Kristallzucker
1 TL Zitronensäurepulver

MIX & MATCH

Du möchtest farblich oder geschmacklich andere Akzente setzen? Kein Problem! Ersetze einfach den Orangensaft durch andere Zutaten: für Rot durch Erdbeersaft und 1 TL Vanilleextrakt, für Grün durch Waldmeistersaft und 2 EL Holunderblütensirup und für Weiß durch Holunderblütensaft und ein zusätzliches Blatt Gelatine.

1. Gelatine in kaltem Wasser einweichen. Form mit Frischhaltefolie auslegen.

2. Orangensaft mit Ingwer und Gelierzucker aufkochen, ca. 3–4 Minuten unter ständigem Rühren köcheln lassen und anschließend vom Herd ziehen. Gelatine gut ausdrücken, beigeben und in der warmen Flüssigkeit auflösen (nicht zu heiß, da sonst die Gelatine ihre Bindekraft verliert). Eventuell Grand Marnier einrühren. Gelee in die vorbereitete Form leeren und überkühlen lassen. Im Kühlschrank mindestens 5 Stunden erstarren lassen.

3. Gelee auf eine saubere Arbeitsfläche stürzen und die Folie vorsichtig abziehen. In ca. 1,5 cm große Würfel schneiden. Zucker mit Zitronensäurepulver mischen und die Würfel darin wälzen. Auf einen schönen Teller schlichten und servieren.

Du kannst die Drops auch einfrieren. Diese bunten „Eiswürfel" sorgen als Eyecatcher in einem Cocktail oder Prosecco immer wieder für Begeisterung.

FILM AB! FUNNY SOFT-DROPS

Meine gespritzte

„LINZER" TORTE

50 min | 40 min | 12 | Springform Ø 26 cm

1. Den Boden der Springform mit Backpapier auslegen und die Form schließen.
2. Butter mit Zucker auf höchster Mixerstufe ca. 5 Minuten cremig aufschlagen. Das Ei einrühren, danach den Dotter unterrühren. Mischung aus geriebenen Haselnüssen, Mehl, Kakao, Salz, Zimt und Nelkenpulver abwechselnd mit der Milch und eventuell dem Kirschwasser einrühren.
3. Den Backofen auf 180 °C Ober- und Unterhitze vorheizen.
4. 500 g der Masse in die vorbereitete Form füllen, mit einer Teigkarte bis an den Rand der Form verteilen und fest andrücken.
5. Marmelade mit etwas Abstand zum Formenrand gleichmäßig darauf verteilen – eventuell vorher kurz erwärmen, damit sie leichter zu verstreichen ist.
6. Für das Gitter die restliche Masse in einen Spritzsack mit einer 0,5 cm großen, glatten Tülle füllen. Zuerst ein schräges Gitter auf die Marmelade und dann einen Rand dressieren. Die Torte ca. 40 Minuten backen.
7. Nach dem Abkühlen einen etwas kleineren Teller mittig auf die Torte legen, die restliche Oberfläche mit Staubzucker besieben. Nach Entfernen des Tellers ist in der Tortenmitte das schöne Rautenmuster gut zu sehen.

Zutaten

200 g weiche Butter
200 g Backzucker
1 Ei (Gr. M), raumtemperiert
1 Dotter (Eigelb), raumtemperiert
200 g geriebene Haselnüsse
300 g Mehl, glatt
2 EL Backkakao
1 Prise Salz
1 TL Zimt
1 Prise Nelkenpulver
75 ml Milch
evtl. 2 cl Kirschwasser

300–400 g rote Ribiselmarmelade (Johannisbeerkonfitüre)

Staubzucker (Puderzucker) zum Bestreuen

DIDI FACT

Für meine „Linzer" Torte verwende ich gerne Backzucker, damit der Teig ganz fein wird und sich gut spritzen lässt.

SCHOKOGUGELHUPF

20 min · 40–45 min · 10 · Gugelhupfform Ø 22–24 cm

Zutaten

160 g weiche Butter
150 g dunkle Schokolade (mind. 70 % Kakaoanteil)
10 Eiklar (Eiweiß)
150 g Kristallzucker
160 g Mehl, glatt
10 g Backpulver

Marillenmarmelade

Butter und Mehl für die Form
1 Becher dunkle Schokoglasur

1. Den Backofen auf 170 °C Ober- und Unterhitze vorheizen, die Gugelhupfform befetten und bemehlen.
2. Butter und Schokolade über einem heißen Wasserbad lippenwarm schmelzen, dabei gelegentlich umrühren. In der Zwischenzeit Eiklar mit Zucker zu Schnee schlagen. Ein Drittel des Eischnees mit der geschmolzenen (nicht heißen!) Schoko-Butter-Masse verrühren, den restlichen Schnee unterziehen. Das mit Backpulver versiebte Mehl vorsichtig unterheben.
3. Masse in die vorbereitete Form füllen und 40–45 Minuten backen. Ca. 5 Minuten in der Form überkühlen lassen, lauwarm stürzen und auskühlen lassen.
4. Gugelhupf mit geschmolzener Schokoglasur überziehen.

DOTTERBUSSERL

FILM AB! DOTTER-BUSSERL

30 min · 10 min · 30

Zutaten

125 g Butter
125 g Staubzucker (Puderzucker)
7 Dotter (Eigelb)
170 g Mehl, glatt
50 g Maisstärke

Marillen- oder Orangenmarmelade zum Füllen
Schokoglasur zum Tunken

1. Den Backofen auf 180 °C Ober- und Unterhitze vorheizen.
2. Butter und Staubzucker cremig rühren. Dotter nach und nach einrühren. Mehl und Maisstärke auf die Masse sieben und vorsichtig unterheben. Masse in einen Spritzsack mit einer Tülle deiner Wahl füllen und kleine Kekse auf ein mit Backpapier belegtes Backblech dressieren.
3. Busserl ca. 10 Minuten backen und auskühlen lassen. Je zwei Busserl mit Marmelade zusammensetzen, bis zur Hälfte in geschmolzene Schokoglasur tunken.

NO WASTE, BETTER TASTE: MIT DEN ÜBRIG GEBLIEBENEN EIDOTTERN KANNST DU MEINE ABSOLUTEN LIEBLINGSKEKSE, DIE DOTTERBUSSERL, BACKEN.

[NASCHST DU GERNE?]

NICHTS als die nackte Wahrheit …

Hier und da eine Mozartkugel, aber ich bin keine ausgewiesene Naschkatze. Süßes hole ich mir bei meiner Frau. Ein Milchbrot mit Nutella und Butter darunter (ja, du hast richtig gehört) ist die Ausnahme – das ist das ganz große Glück.

Meine Kinder sind da anders. Die lieben Süßes, ganz egal was. Der einzige Platz, wo immer Süßigkeiten sind, ist die Schublade neben meinem Bett, um so die Oberhoheit darüber zu haben. Aber das hilft mir herzlich wenig, da sie sich wie die Geier darauf stürzen, sobald ich außer Haus bin.

Weizenfreier

MOHNGUGELHUPF

mit Granatapfelglasur

25 min | 50 min | 8–10 | Gugelhupfform

Zutaten

Kuchen

150 g weiche Butter
7 Eier (Gr. M), raumtemperiert und getrennt
80 g Staubzucker (Puderzucker)
1 Pkg. Vanillezucker
1/2 Pkg. Backpulver
1 Prise Salz
120 g Kristallzucker
250 g Mohn, gemahlen

Butter und Mehl für die Form

Glasur

2 Granatäpfel
20 g Butter
Saft von 1/2 Zitrone
240 g Staubzucker (Puderzucker)
2 EL gehackte Pistazienkerne zum Bestreuen

1. Den Backofen auf 170 °C Ober- und Unterhitze vorheizen. Die Form befetten und bemehlen.
2. Die Butter cremig schlagen, die Dotter nach und nach einrühren. Staub- und Vanillezucker unterrühren. Backpulver und Salz einrühren.
3. Eiklar zu Schnee schlagen, dabei den Kristallzucker nach ca. 1 Minute langsam einrieseln lassen, weiter schlagen, bis der Schnee steif ist. Mohn und Schnee behutsam unter die Dottermasse heben. Masse in die vorbereitete Form füllen, glatt streichen und ca. 50 Minuten backen. Ca. 20 Minuten in der Backform auskühlen lassen, danach stürzen und vollständig auskühlen lassen.
4. Für die Glasur die Granatäpfel entkernen, dabei den Saft in einem Glas auffangen. 3–4 EL Kerne beiseitestellen.
5. Butter bei geringer Hitze schmelzen, 5 EL Granatapfelsaft sowie Zitronensaft beimengen, Staubzucker darin auflösen. Alle Zutaten zu einer glatten dickflüssigen Glasur verrühren. Ist die Glasur zu dünnflüssig, etwas Zucker beigeben, zu dickflüssige Glasur mit etwas Saft verdünnen.
6. Den Gugelhupf mit Glasur überziehen und mit Granatapfelkernen und Pistazien dekorieren.

DIDI FACT

Verwendest du eine Gugelhupfform aus Silikon, dann spülst du diese am besten mit Wasser aus, lässt sie abtropfen und befüllst sie anschließend sofort mit der Mohnmasse.

DIESE BROWNIES WERDEN DIR GARANTIERT AUS DER HAND GERISSEN. ICH SPRECHE DA AUS ERFAHRUNG!

STICKY DATTEL-BROWNIES

mit Karamellsauce

20 min × 35–40 min × 4–6 × Backform ca. 25 x 18 cm

1. Den Backofen auf 160 °C Ober- und Unterhitze vorheizen, die Form befetten.
2. Datteln mit Natron in einer Schüssel mischen. Mit heißem Wasser übergießen, bis sie bedeckt sind. Ca. 10 Minuten ziehen lassen, dann das Wasser abgießen. Datteln mit Joghurt, Eiern und Vanilleextrakt pürieren.
3. Butter mit Zucker ca. 3 Minuten cremig rühren. Dattelmasse beimengen und kurz mixen. Die restlichen trockenen Zutaten mischen und mit einem Kochlöffel unter die Dattelmasse mengen.
4. Masse gleichmäßig in der vorbereiteten Form verteilen und 35–40 Minuten backen.
5. Inzwischen für die Karamellsauce Wasser und Zucker erhitzen, 4–5 Minuten unter ständigem Rühren köcheln lassen, bis der Zucker zu karamellisieren beginnt. Schlagobers einrühren, weitere 4–5 Minuten bei geringer Hitze und unter ständigem Rühren bis zur gewünschten Konsistenz einkochen lassen. Butter einrühren, abschließend die Sauce mit einer Prise Salz verfeinern.
6. Den Dattel-Brownie in Stücke schneiden, mit Vanille- oder Nusseis und Karamellsauce servieren.

FILM AB! VANILLE-VARIANTEN

Zutaten

Brownie

200 g Datteln, entsteint
1 TL Natron
2 EL Joghurt
2 Eier (Gr. L)
1 TL Vanilleextrakt
85 g weiche Butter
170 g Kristallzucker
170 g Mehl, glatt
1 TL Backpulver
1 Prise Zimt
2 EL Ovomaltine
(oder Trinkschokolade, kein Backkakao!)

Butter für die Form

Karamellsauce

100 ml Wasser
200 g Kristallzucker
300 ml Schlagobers (Schlagsahne), raumtemperiert
2 EL Butter
1 Prise Salz

Vanille- oder Nusseis

MARZIPAN-BISKUIT

Heaven & Hell

25 min · 35 min · 10–12 · Springform Ø 24–26 cm

Zutaten

70 g Zartbitterkuvertüre
60 g Butter
260 g Rohmarzipan, leicht erwärmt
70 g Kristallzucker
3 Eier (Gr. M), raumtemperiert
6 Dotter (Eigelb), raumtemperiert
6 Eiklar (Eiweiß), raumtemperiert
70 g Kristallzucker
90 g Mehl, glatt
30 g Backkakao

1. Den Backofen auf 170 °C Ober- und Unterhitze vorheizen. Den Boden der Springform mit Backpapier auskleiden und den Ring schließen. Die Seitenränder nicht befetten, damit der Teig gut „raufklettern" kann und gleichmäßig hoch wird.
2. Kuvertüre und Butter über einem heißen Wasserbad lippenwarm schmelzen und beiseitestellen.
3. Marzipan mit Zucker, Eiern und Dottern schaumig aufschlagen und beiseitestellen.
4. Eiklar und Zucker zu Schnee schlagen.
5. Geschmolzene Kuvertüre mit der Marzipanmasse mischen und den Eischnee vorsichtig unterziehen. Das mit Kakao versiebte Mehl kurz einmengen.
6. Masse in die vorbereitete Form füllen und ca. 35 Minuten backen.

DIDI FACT

Dieses Grundrezept ist bestens für alle Torten und Rouladen geeignet. Bei Letzteren arbeitest du natürlich mit einem Backblech anstatt einer Springform und bäckst die Masse nur ca. 15 Minuten.

MIX & MATCH

Lasse bei hellem Biskuit den Kakao weg und verwende anstelle der dunklen Kuvertüre einfach weiße. Die Zubereitung bleibt gleich.

„ICH PERSÖNLICH LIEBE DIE TOPFENKNÖDERL MIT STAUBZUCKER UND MOHN – „MO(H)N AMOUR“ SOZUSAGEN!

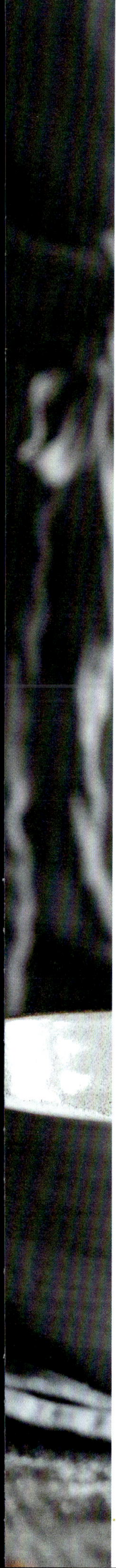

TOPFENKNÖDERL

auf Rhabarberpüree

35 min · 10 min · 20 min · 8–10 min · 4

1. Für das Rhabarberpüree alle Zutaten in einem Topf ca. 20 Minuten weich garen. Anschließend mit einem Stabmixer pürieren und durch ein Sieb passieren.
2. Den Backofen auf 140 °C Ober- und Unterhitze vorheizen.
3. Für die gerösteten Bröseln alle Zutaten mischen, auf einem Backblech verteilen und ca. 10 Minuten im Backofen goldbraun rösten.
4. Für die Topfenknöderl Butter mit Zucker, Ei und Aromen schaumig rühren. Den Topfen nach und nach einrühren, die Weißbrotwürfel untermengen und die Masse 20 Minuten rasten lassen.
5. Aus der Topfenmasse kleine Knöderl formen, diese in leicht gesüßtem Wasser ca. 8–10 Minuten, je nach Größe, zugedeckt köcheln lassen.
6. Zum Anrichten die Knöderl in den Bröseln wälzen, mit Staubzucker bestreuen und mit Rhabarberpüree servieren.

Zutaten

Rhabarberpüree

200 g Rhabarber, geschält, und in Stücke geschnitten
100 g Himbeeren
1 TL Ingwer, fein geschnitten
Ahornsirup oder Rohrzucker nach Geschmack
1 EL Vanilleextrakt

Geröstete Brösel

100 g Semmelbrösel (Paniermehl)
70 g Haselnüsse, gerieben
20 g flüssige Butter
30 g Kristallzucker

Topfenknöderl

35 g weiche Butter
30 g Kristallzucker
1 Ei (Gr. M)
Zitronenabrieb, Zitronensaft und Vanillearoma nach Geschmack
200 g Topfen (Quark), gut ausgedrückt
80 g Weißbrotwürfel (oder Semmelwürfel)

Staubzucker (Puderzucker) zum Bestreuen

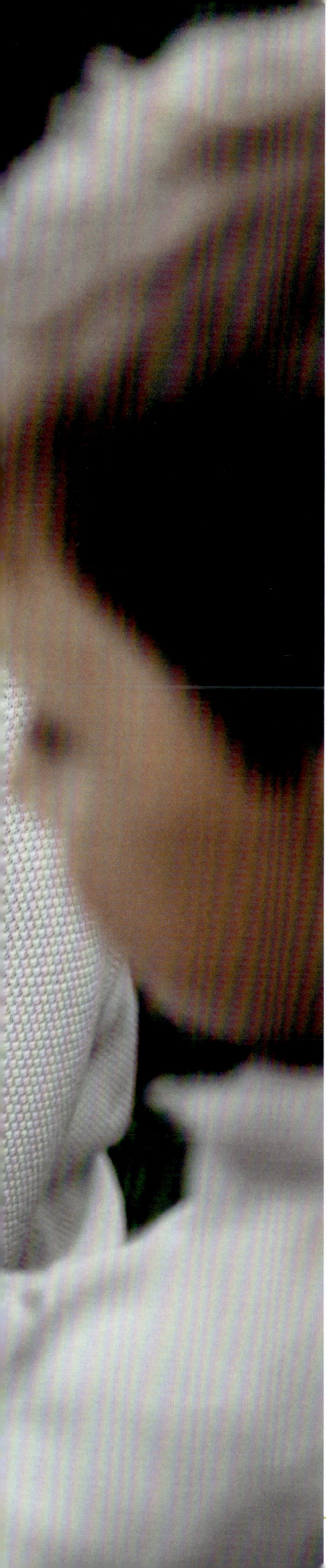

[DIDI DRINKS]

„Von der Basis zum Genuss" – auch für meine zugleich erfrischenden und wohltuenden Drinks verwende ich nur natürliche Grundzutaten.

An kalten Wintertagen lasse ich mir hin und wieder einen meiner hausgemachten, herzhaft cremigen Liköre schmecken. Was gibt es Schöneres als relaxed am Sofa zu liegen und den Schneeflocken beim Tanzen zuzusehen, während einem Aromen nach Vanille, Zimt und Lebkuchen in die Nase steigen?

APFEL-INGWER-SIRUP

35 min × 10 min × 13

Zutaten

Sirup

ca. 20 große Äpfel
1 kleines Stück Ingwer, geschält
Saft von 2 Zitronen
2–3 Nelken, ganz
2–3 Wacholderbeeren, ganz
1 Prise Zimt
40 g Gelierzucker 2 : 1
2 EL Vanilleextrakt

Aufguss je Glas

40 ml Sirup
150 ml Tonic Water
150 ml Soda- oder Mineralwasser

Eiswürfel
1 Zweig Rosmarin

1. Für den Sirup die Äpfel entkernen und gemeinsam mit dem Ingwer entsaften. Es wird ca. 1,3 l Saft benötigt.
2. Den Fruchtsaft sofort mit dem Zitronensaft mischen, anschließend ca. 10 Minuten ruhen lassen, bis sich der Trester vom klaren Saft trennt.
3. Nun den Schaum von der Oberfläche abschöpfen und den klaren Saft vorsichtig in einen Kochtopf umleeren. Die restlichen Zutaten hinzufügen und bei mittlerer Hitze aufkochen lassen. Auf kleiner Flamme weiter köcheln lassen, bis sich die Flüssigkeit um die Hälfte (ca. 500 ml) reduziert hat und eine sirupartige Konsistenz entstanden ist.
4. Mixe den Sirup in deinem Lieblingsglas mit Tonic Water und Soda- oder Mineralwasser und garniere ihn beispielsweise mit einem Zweig Rosmarin.

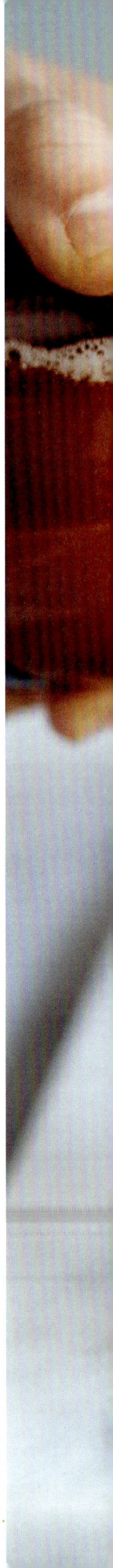

FRISCHE-FRÜCHTCHEN-LIMOS

10 min · 4

Honigsirup

700 ml Wasser
60 g Honig
120 ml Zitronensaft

1. 120 ml Wasser mit Honig erhitzen, bis sich der Honig aufgelöst hat. Einmal kurz aufkochen lassen. Den Sirup in einen Glasbehälter leeren und auskühlen lassen.

2. Anschließend mit Zitronensaft und dem restlichen Wasser aufgießen und sorgfältig verrühren.

Dieser Honigsirup ist die Basis für alle Limos. Zusammen mit frischen Früchten kannst du damit eine Limo ganz nach deinem persönlichen Geschmack zaubern.

Heidelbeerlimo

500 g Heidelbeeren (Blaubeeren)
700 ml Honigsirup
Minzblätter
Eiswürfel

Heidelbeeren unter Rühren so lange erhitzen, bis Fruchtsaft austritt. Anschließend durch ein Sieb passieren, mit dem Sirup aufgießen und kalt stellen. Limo mit Eiswürfeln und Minze servieren.

Pfirsichlimo

3 große Pfirsiche
2 TL Vanilleextrakt
700 ml Honigsirup
Eiswürfel

Pfirsiche in kleine Stücke schneiden. Pfirsichstücke unter Rühren so lange erhitzen, bis Fruchtsaft austritt. Anschließend durch ein Sieb streichen. Pfirsichpüree mit Vanilleextrakt verfeinern, mit Sirup aufgießen und kalt stellen. Limo mit Eiswürfeln servieren.

Himbeerlimo

125 g Himbeeren
700 ml Honigsirup
Minzblätter
Eiswürfel

Himbeeren mit dem Stabmixer fein pürieren und durch ein Sieb streichen. Mit Sirup aufgießen und kalt stellen. Limo mit Eiswürfeln und Minze servieren.

Erdbeerlimo

450 g Erdbeeren
700 ml Honigsirup
Basilikumblätter
Eiswürfel

Erdbeeren mit dem Stabmixer fein pürieren und durch ein Sieb passieren. Mit Sirup aufgießen und kalt stellen. Limo mit Eiswürfeln und Basilikumblättern servieren.

LIKÖRE ENGERL & BENGERL

15 min × 3 h × 1 Flasche à 0,5 l

Spekulatiuslikör

250 ml Schlagobers (Schlagsahne)
3 EL Haselnuss-Nougat-Creme
3 EL Honig
1 TL Vanillearoma
2 TL Spekulatiusgewürz (oder Lebkuchengewürz)
180 ml Rum (38 Vol.-%)

1. Die Flasche sterilisieren, also kurz in heißem Wasser auskochen bzw. im Dampfgarer bei 100 °C einige Minuten sterilisieren.
2. Schlagobers mit Haselnuss-Nougat-Creme, Honig, Vanillearoma und Gewürz unter Rühren erhitzen (nicht kochen).
3. Rum einrühren, sofort in die Flasche füllen, gut verschließen und auskühlen lassen. Anschließend im Kühlschrank durchkühlen lassen. Gekühlt lagern.

Seine herrlich cremige Konsistenz bekommt der Likör, nachdem er etwa drei Stunden gerastet hat.

15 min × 3 h × 1 Flasche à 1 l

Vanille-Schoko-Likör

200 g weiße Schokolade
250 ml Schlagobers (Schlagsahne)
1 TL Vanilleextrakt
80 g Staubzucker (Puderzucker)
200 ml Milch
130 ml Vodka
50 ml Amaretto

1. Die Flasche sterilisieren, also kurz in heißem Wasser auskochen bzw. im Dampfgarer bei 100 °C einige Minuten sterilisieren.
2. Schokolade, Schlagobers, Vanilleextrakt und Staubzucker unter Rühren erhitzen, bis die Schokolade geschmolzen ist.
3. Milch, Vodka und Amaretto einrühren. Sofort in die Flasche füllen, gut verschließen und auskühlen lassen. Anschließend im Kühlschrank durchkühlen lassen.

DIDI FACT

Der Likör mag es gerne kühl. Sollte er im Kühlschrank fest werden, einfach die Flasche unter heißes Wasser halten, etwas schütteln und schon ist er wieder cremig.

DER LIKÖR MUSS AUF ALLE FÄLLE IM KÜHLSCHRANK GELAGERT WERDEN, SO HÄLT ER EIN PAAR TAGE. ÄLTER IST ER BEI MIR NIE GEWORDEN…

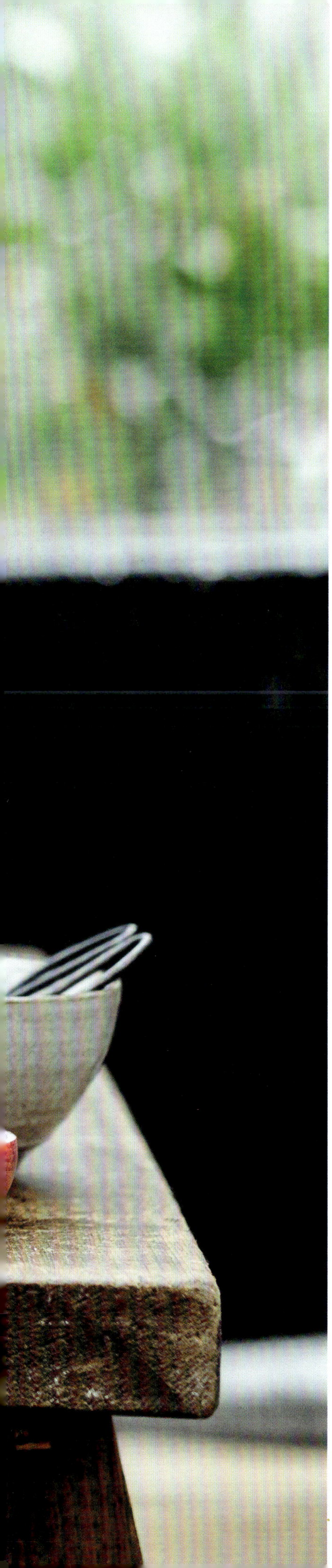

[EINMALEINS]

„Ich kann aber nicht kochen!" So ein Schmarrn! Jeder kann kochen lernen. In meinem Freundeskreis gibt es einige Hobbyköche, die Hervorragendes auf den Tisch zaubern. Da ziehe selbst ich als Haubenkoch sprichwörtlich den Hut.

Mit meinem Kücheneinmaleins geht dir das Kochen bald locker von der Hand und du schaffst selbst als Küchengrünling ohne viel Aufwand herrlich unkomplizierte Genusserlebnisse. Das kleine Einmaleins meiner Suppenküche beinhaltet nicht nur knackfrische Zutaten, sondern auch wertvolle Tipps und Tricks fürs gute Gelingen. Mut zum Rollentausch beweisen alle Dips & Dressings, die Beilagen geschmackstechnisch abheben lassen.

KLARE RINDSUPPE

mit Gemüse

20 min · 2 h · 4–6

Zutaten

500–600 g Rindfleisch (Schulterdeckel, Kavalierspitz/Schulterspitz, Tafelspitz/Huftspitz)
3 Karotten (Möhren)
1 Gelbe Rübe
1/2 Sellerieknolle
3 Selleriestangen
1 Petersilienwurzel
1/2 Lauch (Porree)
5 Champignons
1–2 Tomaten
3 TL Salz
6–8 bunte Pfefferkörner
10 Korianderkörner
4 Lorbeerblätter
5 Wacholderbeeren
1 Prise Muskatnuss
2 EL Sojasauce
3 Stängel Liebstöckel (oder 1/2 TL Liebstöckel, getrocknet)
2 l Wasser
1 Zwiebel

1. Wasser in einem Suppentopf aufkochen. Rindfleisch kurz mit kaltem Wasser abspülen und ca. 2 Minuten ins kochende Wasser legen. Danach das Wasser abgießen, das Fleisch mit kaltem Wasser abspülen und den Topf sorgfältig auswaschen.

2. Das Gemüse waschen, putzen (nicht schälen) und die Wurzeln bzw. Stangen halbieren bzw. grob schneiden. Champignons und Tomaten vierteln.

3. Die Zwiebel mit Schale halbieren und im sauberen erhitzten Topf ohne Fett an den Schnittflächen leicht bräunen. Rindfleisch und Gewürze beigeben und mit kaltem Wasser aufgießen.

4. Die Suppe ohne Deckel ca. 1 Stunde köcheln lassen. Gemüse bis auf die Champignons hinzufügen und weitere 50 Minuten leicht köcheln lassen. Kurz vor Ende der Garzeit die Champignons beigeben. Rindfleisch nach der Garzeit herausnehmen und in kleine Stücke schneiden.

5. Die fertige Suppe durch ein feines Sieb seihen, verkosten und bei Bedarf nachwürzen.

6. Zum Schluss das Wurzelgemüse in mundgerechte Stücke schneiden und als Beilage zur Suppe servieren.

MEINE LIEBLINGSSUPPENEINLAGE SIND GRIESSKNÖDERL. DAS REZEPT FINDEST DU AUF SEITE 202.

TUT-GUT-HÜHNERSUPPE

15 min × 60 min × 4–6

Zutaten

1 Huhn, halbiert (oder 700 g Hühnerfleisch)
3 Karotten (Möhren)
1 Gelbe Rübe
1 Petersilienwurzel
1/2 Sellerieknolle
3 Selleriestangen
1/2 Lauch (Porree)
5 Champignons
1–2 Tomaten
3 TL Salz
8 bunte Pfefferkörner
10 Korianderkörner
3 Stängel Liebstöckel (oder 1/2 TL Liebstöckel, getrocknet)
2 l Wasser
1 Zwiebel

MIX & MATCH

Wenn du der Suppe einen asiatischen Touch verpassen möchtest, koche einfach ein ca. 1 cm großes Stück Ingwer sowie ein kleines Stück Chili mit und schmecke die Suppe zum Schluss mit 2 Esslöffel Sojasauce ab.

1. Wasser in einem Suppentopf aufkochen. Das Huhn kurz mit kaltem Wasser abspülen, in den Topf geben und 2 Minuten köcheln lassen. Das Wasser abgießen, das Huhn mit kaltem Wasser abspülen und den Topf sorgfältig auswaschen.
2. Gemüse bis auf die Tomaten waschen, putzen und halbieren bzw. grob schneiden. Champignons und Tomaten kurz abspülen, putzen und in dicke Scheiben schneiden.
3. Die Zwiebel mit der Schale halbieren und im sauberen erhitzten Topf ohne Fett an den Schnittflächen leicht bräunen. Das Huhn, das Gemüse bis auf die Champignons, die Gewürze beigeben und mit kaltem Wasser aufgießen.
4. Die Suppe ohne Deckel ca. 50 Minuten köcheln lassen. Die Champignons hinzufügen und 10 Minuten weiter köcheln lassen. Anschließend das Hühnerfleisch herausnehmen, vom Knochen lösen und in kleine Stücke schneiden.
5. Die fertige Suppe durch ein feines Sieb seihen, verkosten und bei Bedarf nachwürzen.
6. Zum Schluss das Wurzelgemüse in mundgerechte Stücke schneiden und als Beilage zur Suppe servieren.

FILM AB! WIE BLEIBT DIE SUPPE KLAR?

FISCHSUPPE

20 min · 45 min · 4–6

Zutaten

1 Zwiebel
2 Knoblauchzehen
3 Selleriestangen
1 Karotte (Möhre)
1/2 Lauch (Porree)
5 EL Maiskeimöl
250–300 g Fischabschnitte (Flossen, Köpfe, Gräten)
150 ml Anisdestillat (z. B. Pernod)
2 l Wasser
1 TL Fenchelsamen, ganz
5 Wacholderbeeren
5 Korianderkörner
5 Pfefferkörner
2 Zweige Thymian, abgerebelt
2 EL Sojasauce
6–7 EL Fischsauce
Saft von 1 Zitrone

Einlage

4 Fischfilets mit Haut (z. B. Saibling, Zander, Forelle)
200 g Saisongemüse (z. B. Fenchel, Karotten, Kohlrabi)

6 Blätter Liebstöckel
Petersilie, grob gezupft

1. Zwiebel und Knoblauchzehen schälen. Sellerie, Karotte und Lauch waschen, putzen und in grobe Würfel schneiden.
2. Öl erhitzen. Fischabschnitte und Gemüse darin ca. 5 Minuten leicht anbraten, mit Anisdestillat ablöschen und auf die Hälfte reduzieren lassen.
3. Anschließend mit Wasser aufgießen, restliche Zutaten beigeben und ca. 40 Minuten leicht köcheln lassen.
4. In der Zwischenzeit die Fischfilets in mundgerechte Stücke und das Saisongemüse in dünne Streifen schneiden.
5. Nach Ende der Garzeit die Suppe durch ein feines Sieb seihen. Fischfiletstücke und Saisongemüse in die Suppe legen und nochmals ca. 3 Minuten ziehen lassen. Suppe mit Liebstöckel und Petersilie garniert servieren.

DIDI FACT

Damit die Suppe klar bleibt, darf sie nur leicht köcheln. Suppen sind eigentlich wie Menschen – brodelt es in uns, können wir nicht mehr klar denken. Brodelt die Suppe, wird sie trüb.

Meine Lieblings-

SUPPENEINLAGEN

Grießknöderl

20 min · 18–20 à 20 g

230 ml Milch
150 g Weizengrieß
1 Ei (Gr. M), raumtemperiert
1 Prise Salz

1 Handvoll gehackte Kräuter (Petersilie, Schnittlauch)

1. Milch erhitzen. Grieß unter ständigem Rühren einrieseln lassen und ca. 1 Minute bei reduzierter Hitze einkochen, bis sich die Masse vom Topfrand löst. Grießmasse in eine Glasschüssel geben und zugedeckt etwas abkühlen lassen.

2. Dann Ei, Salz und Kräuter gründlich in die Grießmasse einarbeiten. Aus der Masse kleine Knöderl formen. Knöderl in kochendes Salzwasser einlegen und ca. 10 Minuten leicht köcheln lassen, bis sie an der Oberfläche schwimmen.

3. Die fertigen Knöderl in Rind- oder Hühnersuppe anrichten, mit bissfest gegartem Gemüse und Petersilie oder Schnittlauch garnieren.

Kräuterschöberl

10 min · 10 min · ca. 18 1/2 Backblech

4 Eiklar (Eiweiß)
1 Prise Salz
3 Dotter (Eigelb)
60 g Mehl, glatt

1 Handvoll gehackte Kräuter (Petersilie, Schnittlauch)

1. Den Backofen auf 200 °C Ober- und Unterhitze vorheizen. Ein Backblech mit Backpapier belegen.

2. Eiklar mit Salz zu cremigem Schnee schlagen. Dotter, Mehl und Kräuter behutsam unter den Eischnee ziehen.

3. Die Masse ca. 1,5 cm dick auf das halbe Backblech auftragen und glatt streichen. Ca. 10 Minuten goldbraun backen, am Blech auskühlen lassen.

4. Zum Schluss in die gewünschte Form schneiden oder mit Ausstechern verschiedene Formen ausstechen.

5. Als Suppeneinlage mit Kräutern in Hühner- oder Rindsuppe servieren.

MIX & MATCH

Kräuterschöberl sind wie Geschmack-Chamäleons und lassen sich mit allem Möglichen wunderbar variieren. So kannst du ihnen mit Chiliflocken ordentlich einheizen oder mit Speckwürfeln eine herzhaft-pikante Note geben.

[WARUM KOCHST DU?]

NICHTS als die nackte Wahrheit …

Klingt jetzt blöd, ist aber so: Es wurde mir in die Wiege gelegt. Natürlich konnte ich als Baby noch nicht kochen, aber als ich 14 Jahre alt war, bekam ich die Möglichkeit, als Tischler- oder als Bürolehrling anzufangen. Beim Tischlern zeigte sich sehr schnell, dass ich dafür zwei linke Hände habe – selbst beim Zusammenbauen von Ikea-Kästen brauche ich ewig lang. Auch in Deutsch war ich während meiner Schulzeit nicht gerade der aufgehende Stern. Aber mein erster Gugelhupf klappte auf Anhieb. Da war für mich klar: Ich gehe den Weg des geringsten Widerstandes. Zu dieser Zeit wusste ich jedoch noch nicht, dass Kochen wie Extremsport ist.

Meine DRESSING-FAVORITEN

je 5 Minuten · je 4

Für jedes Dressing alle Zutaten in einem schmalen, hohen Gefäß mit dem Stabmixer pürieren und individuell mit den Gewürzen abschmecken.

Himbeer-Distel-Dressing

- 5 EL Himbeeressig
- 5 EL Grapefruitsaft
- 8 EL Joghurt
- 4 TL Honig
- 1 Prise Salz
- 1 Prise Pfeffer
- 1 Prise Kräutergewürz (siehe S. 226)
- 1 EL Himbeeren, frisch oder getrocknet
- 2 EL Distelöl
- 2 EL Sesamöl

Balsamico-Rosmarin-Dressing

- 8 EL Balsamicoessig
- 5 EL Wasser
- 2 EL Ahornsirup (oder Agavendicksaft)
- 3 EL Feigensenfsauce
- 1 EL Mayonnaise
- 1 Zwiebelscheibe, geschält und grob geschnitten
- 1 Prise Salz
- 1 Prise Pfeffer
- 6 EL Olivenöl
- 2 EL Rosmarinöl (oder 1 TL Rosmarin, gehackt)

Chili-Mandel-Dressing

- 5 EL weißer Balsamicoessig
- 5 EL Wasser
- Saft von 1 Zitrone
- 3 EL Mandelmus
- 1 kleine Knoblauchzehe, geschält
- 1 TL Sambal Oelek (Würzsauce auf Chili-Basis)
- 1/2 TL Ingwer, geschält und gerieben
- 1 Prise Salz
- 1 Prise Pfeffer
- 4 EL Distelöl

Country-Ranch-Dressing

- 5 EL Rotweinessig
- 5 EL Essiggurkerlwasser (Gewürzgurkenwasser)
- 2 EL Wasser
- 4 TL Honig
- 3 EL Mayonnaise
- 4 EL Ketchup
- 1 Prise Salz
- 1 Prise Grillgewürz (siehe S. 226)
- 1 kleine Knoblauchzehe, geschält
- 1 Zwiebelscheibe, geschält und grob geschnitten
- 6 EL Sonnenblumenöl

DIDI FACT

Wenn du Sushi-Mayonnaise für dein Dressing verwendest, wird es noch cremiger.

Funky

DIPS & SPREADS

Hummus

5 min

240 g Kichererbsen aus der Dose (Abtropfgewicht)
1 EL Tahini-Paste
2 TL ayurvedisches Masala (Johanna-Maier-Gewürz)
1 Knoblauchzehe
Saft von 1/2 Zitrone
200 ml Olivenöl
1/2 TL Salz

Knoblauch schälen und pressen. Mit allen weiteren Zutaten in einen schmalen, hohen Rührbecher füllen und mit dem Stabmixer pürieren, bis eine glatte Masse entsteht.

DIDI FACT

Hummus ist nicht nur ein perfekter Begleiter für Gemüsesnacks zwischendurch, sondern sorgt auch als veganer Brotaufstrich für mehr Abwechslung am Tisch. Besonders gut schmeckt diese orientalische Spezialität auf Fladenbrot (siehe S. 133).

Salsa Verde

5 min

400 g grüne Tomaten
90 g Petersilie
50 g Koriander
50 g Zwiebel
2 Knoblauchzehen
300 ml Olivenöl
Saft von 2 Limetten
3 TL Salz

Tomaten, Petersilie und Koriander waschen und grob zerkleinern. Zwiebel und Knoblauch schälen und grob schneiden. Alle Zutaten in ein schmales, hohes Gefäß geben und mit dem Stabmixer nach Belieben grob oder fein pürieren.

Aioli

5 min

4 Knoblauchzehen
100 ml kalte Haltbarmilch
200 ml Rapsöl
Salz

Knoblauchzehen schälen und in kleine Stücke schneiden. Knoblauchstücke und Haltbarmilch in einem schmalen, hohen Gefäß mit dem Stabmixer pürieren, dabei das Öl unter ständigem Rühren langsam einfließen lassen. Ca. 4 Minuten mixen, bis der Dip eine cremige Konsistenz hat. Mit Salz abschmecken.

ALLES, WAS GEGRILLT ODER GEBRATEN WIRD, IST MIT SALSA VERDE DOPPELT SO GUT. EIN MUSS FÜR JEDEN ECHTEN STEAK-FAN! WER ES SCHARF MAG, KANN VOR DEM PÜRIEREN NOCH GEHACKTEN CHILI BEIMENGEN.

Tsatsiki

10 min · 30 min

1 große Gurke

500 g griechisches Joghurt

5 Knoblauchzehen,
geschält und gepresst

3 EL Olivenöl

1 EL heller Essig (z. B. Weißweinessig)
oder Zitronensaft

2 EL Dill, gehackt

2 EL Petersilie, gehackt

Salz, Pfeffer

1. Die Gurke fein raspeln und mit etwas Salz vermischen. Abgedeckt ca. 30 Minuten im Kühlschrank ziehen lassen, um der Gurke das Wasser zu entziehen.

2. Gurkenmasse gut auspressen, am besten mithilfe eines sauberen Tuches.

3. Masse mit den restlichen Zutaten zu einem glatten Tsatsiki verrühren und mit Salz und Pfeffer abschmecken.

DIDI FACT

Für ein gelungenes Tsatsiki kann es nur eines geben: original griechisches Joghurt. Da kommst du nicht drum rum. Aufgrund seines höheren Fettanteils ist es cremiger, „g'schmackiger" und somit „the one and only".

Guacamole

10 min

3 mittelgroße, reife Avocados

50 g Zwiebel, geschält und gehackt

2 Knoblauchzehen, geschält
und gepresst (oder ganz fein gehackt)

1 frische Pfefferoni rot oder grün, gehackt
(ersatzweise 1 Prise Chilipulver)

20 g frischer Koriander,
gehackt (ca. 10 Stiele)

Saft von 4 Limetten

2 Roma-Tomaten, entkernt und ohne
Fruchtfleisch, klein würfelig geschnitten

Salz, Pfeffer

1. Fein gehackten (oder gepressten) Knoblauch und gehackte Zwiebel mit dem Limettensaft in einer Schüssel vermischen und kurz ziehen lassen. Das nimmt die Schärfe und den Geruch ein bisschen raus.

2. Koriander, Pfefferoni und Tomaten untermischen.

3. Die Avocados halbieren und den Kern entfernen. Das Avocadofleisch mit einem Löffel aus der Schale lösen und grob schneiden. Zu den restlichen Zutaten geben und mit einer Gabel zerdrücken, bis die gewünschte Konsistenz erreicht ist.

4. Gut durchmischen und mit Salz und Pfeffer abschmecken.

PFIRSICH-CHUTNEY

mit gedörrten Marillen

15 min | 30 min | 3 Schraubgläser à 210 ml

1. Schalotte und Ingwer in einen Topf mit etwas Öl geben. Den Knoblauch dazupressen und alles leicht anschwitzen.
2. Währenddessen die Pfirsiche halbieren, in kleine Stücke schneiden und mit den klein gehackten Marillen in den Topf geben.
3. Mit Essig und Wasser ablöschen. Anschließend den Gelierzucker für die Süße und die gewünschte Konsistenz einrühren. Bei geschlossenem Deckel ca. 30 Minuten leicht köcheln lassen. Zum Abschluss das Chutney noch mit Salz und Pfeffer abschmecken.
4. Das Chutney mit einem Pürierstab grob mixen, sodass einige Fruchtstücke noch deutlich zu erkennen sind.
5. Saubere, sterilisierte Schraubgläser bereitstellen. Dazu in die Gläser kochendes Wasser füllen, Deckel draufschrauben, kurz schütteln und das Wasser wieder ausschütten.
6. Das fertige Chutney in die noch heißen Schraubgläser füllen, mit dem Deckel verschließen, die Gläser auf den Kopf stellen und auskühlen lassen.

Zutaten

40 g Schalotten (ca. 1 Schalotte), fein gehackt

1–2 TL frischer Ingwer, gehackt

1 Knoblauchzehe

400 g reifes Pfirsichfleisch (3 Pfirsiche), in kleine Stücke geschnitten

100 g getrocknete Marillen (Aprikosen), klein gehackt

100 ml Apfelessig

100 ml Wasser

70 g Gelierzucker (2 : 1)

1 EL Öl zum Anschwitzen

Salz und Pfeffer

DIDI FACT

Wenn du es gerne schärfer magst, kannst du mit Chiliflocken zusätzlich etwas Schärfe ins Spiel bringen.

[FLASHBACK]

Kennst du das? Man riecht oder schmeckt etwas und plötzlich fühlt man sich in seine Kindheit zurückversetzt. Wenn ich an meine Kindheit denke, dann fällt mir so einiges ein, was wir als vierköpfiges Geschwistergespann gemeinsam mit den Nachbarskindern ausgeheckt haben. Ich erinnere mich an herrliche Sommer mit saftig-grünen Bergwiesen, klares, eiskaltes Bergquellwasser und viel Zeit, die ich mit meinen Geschwistern draußen in der Natur verbracht habe. Klingt ein wenig kitschig, war aber so. Wenn wir dann vom Spielen hungrig nach Hause kamen, gab es oft ganz einfache, aber köstliche Gerichte.

Kaum etwas prägt die Kindheit so sehr wie die Lieblingsspeisen, die zu Hause regelmäßig auf den Tisch kommen. Meine Kindheit schmeckt nach Buchstabensuppe, Sauerkrautstrudel, Schwarzbeerdatschi und Urlis Marmorgugelhupf.

Pikanter

SAUERKRAUTSTRUDEL

25 min × 45–50 min × 4

Zutaten

320 g Fertig-Strudel-Mürbteig

Füllung

150 g Speck, in ca. 5 mm große Würfel geschnitten
100 g Zwiebel, geschält und in ca. 5 mm große Würfel geschnitten
2 EL Pflanzenöl (Olivenöl, Rapsöl etc.)
1 Knoblauchzehe, geschält und fein gehackt
500 g Sauerkraut, gut abgetropft
160 g Kartoffeln, geschält und in ca. 1 cm große Würfel geschnitten
Salz, Pfeffer
3 EL Topfen (Quark)
2 Eier (Gr. M)
2 EL geriebener Parmesan
1 TL Paprikapulver, edelsüß
1 TL Majoran, gerebelt
1 Prise Kreuzkümmel, gemahlen

1 Ei und 2 EL Milch zum Bestreichen

1. Öl in einer Pfanne erhitzen. Speck, Zwiebel und Knoblauch darin anbraten. Sauerkraut und Kartoffelwürfel untermengen und nochmals kurz rösten. Die Pfanne vom Herd nehmen. Mit Salz und Pfeffer würzen.

2. Topfen, Eier, Parmesan und Gewürze gut verrühren, mit der Sauerkraut-Kartoffel-Masse gründlich mischen.

3. Den Backofen auf 175 °C Ober- und Unterhitze vorheizen. Ein Backblech mit Backpapier belegen.

4. Ei mit Milch verquirlen. Fertigen Strudelteig entrollen. Füllung entlang einer Längsseite auftragen, die Längsseiten etwas einschlagen, mit dem Ei-Milch-Gemisch bestreichen, anschließend den Teig straff zum Strudel aufrollen. Strudel mit dem Schluss nach unten auf das vorbereitete Backblech setzen, mit dem Ei-Milch-Gemisch bestreichen und 45–50 Minuten goldbraun backen.

DIDI FACT

Achte beim Fertigstellen des Strudels unbedingt darauf, dass [illegible] Milch-Gemisch bestrichen sind und dass die Strudelenden beim Aufs-Blech-Heben auf der Unterseite zu liegen kommen. So hat die Füllung beim Backen keine Chance, irgendwo auszulaufen.

FILM AB! SAUERKRAUT-STRUDEL

MIX & MATCH

Dazu passt Tsatsiki oder ein einfacher Kräuterdip.

DIDI FACT

Lass Dampf ab! Durch das Ausdampfen der gekochten Kartoffeln kann das Püree mehr Milch, Butter und Schlagobers aufnehmen und wird so extra flaumig und locker.

FASCHIERTE LAIBCHEN

mit Kartoffelpüree

30 min · 5 min · 4

1. Den Backofen auf 180 °C Ober- und Unterhitze vorheizen.
2. Für das Püree die Kartoffeln schälen, in etwa gleich große Stücke schneiden, also eventuell halbieren oder vierteln, und in kochendem Salzwasser ca. 20 Minuten weich garen. Dann das Wasser abgießen, Kartoffeln ca. 3 Minuten offen ausdampfen lassen und danach durch eine Kartoffelpresse drücken oder mithilfe eines Kartoffelstampfers zerdrücken.
3. Für die Laibchen Öl in einer Pfanne erhitzen. Zwiebel, Knoblauch und Karotten darin ca. 4 Minuten leicht anschwitzen und auskühlen lassen.
4. Alle übrigen Zutaten gut vermischen und mit der Zwiebel-Karotten-Mischung zu einer glatten Masse verrühren. Aus der Masse mit nassen Händen ca. 8–12 Laibchen formen.
5. Laibchen in heißem Öl ca. 4 Minuten beidseitig anbraten, dann in eine feuerfeste Form oder auf ein mit Backpapier belegtes Backblech geben und ca. 5 Minuten im Backofen fertig garen.
6. Inzwischen Butter, Milch, Schlagobers, Salz und Muskatnuss kurz aufkochen. Die heiße Milchmischung langsam zu den zerstampften Kartoffeln gießen, während man die Kartoffelmasse mit einer Teigspachtel zu einem cremigen Püree rührt. Nach Gusto abschmecken.
7. Die faschierten Laibchen mit Püree anrichten, mit etwas Bratensaft garnieren und sofort servieren.

FILM AB! KARTOFFELPÜREE EXTRA FLAUMIG

Zutaten

Faschierte Laibchen (Frikadellen, Buletten)

100 g Zwiebel, geschält und fein geschnitten
1 Knoblauchzehe, geschält und fein gehackt
100 g Karotten (Möhren), in feine Würfel geschnitten
500 g gemischtes Faschiertes (Hackfleisch)
50 g Semmelbrösel (Paniermehl)
2 Eier (Gr. M)
3 EL Petersilie, fein gehackt
Majoran und Liebstöckel, getrocknet, nach Geschmack
1/2 EL Grill- bzw. Fleischgewürz nach Belieben und Geschmack (siehe S. 226)
1 EL Dijonsenf
2 EL Sojasauce
1 EL Ketchup
Salz, Pfeffer
Öl zum Braten

Kartoffelpüree

1 kg mehlige Kartoffeln
50 g Butter
150 ml Milch
50 ml Schlagobers (Schlagsahne)
Salz
1 Prise Muskatnuss

MEINE KINDHEIT SCHMECKT
NACH SCHWARZBEERDATSCHI!

Johanna Maiers

SCHWARZBEERDATSCHI

10 min · 10 min · 4

1. Den Backofen auf 180 °C Ober- und Unterhitze vorheizen.

2. Beeren säubern und mit Mehl, Zucker und Salz vermischen. Milch vorsichtig in die Beerenmasse einrühren.

3. In einer ofenfesten Pfanne Butter zerlassen und die Beerenmasse einfüllen. Bei schwacher Hitze ca. 30 Sekunden am Herd anbacken, anschließend auf mittlerer Schiene im Backofen ca. 5 Minuten weiter backen. Nun die Masse vierteln, alle Viertel wenden und weitere 5 Minuten im Backofen fertig backen. Zum Schluss mit zwei Löffeln in grobe Stücke reißen und lauwarm mit reichlich Staubzucker und Vanilleeis servieren.

FILM AB! SCHWARZBEER-DATSCHI

Zutaten

400 g Schwarzbeeren (Moosbeeren)
50 g Mehl, glatt
50 g Mehl, griffig
80 g Kristallzucker
1 Prise Salz
5–8 EL lauwarme Milch

Butter zum Braten

Überbackene

TOPFENPALATSCHINKEN

wie von Oma

45 min · 5 min · 20 min · 4 · Backform ca. 25 x 17 cm

Zutaten

Palatschinkenteig (Pfannkuchenteig)

150 g Mehl, glatt
250 ml Milch
1 EL Kristallzucker
1 EL Vanilleextrakt
3 Eier (Gr. M)
1 TL Maiskeimöl
Öl zum Braten
Butter für die Form

Füllung

3 Eier (Gr. M), getrennt
20 g Kristallzucker
50 g weiche Butter
40 g Staubzucker (Puderzucker)
250 g Topfen (Quark)
abgeriebene Schale von 1/2 Zitrone
1 Pkg. Vanillezucker
60 g Rosinen, in ca. 50 ml Rum eingeweicht

Guss

200 ml Milch
[illegible]
1/2 Pkg. Vanillezucker
abgeriebene Schale von 1/2 Zitrone

Staubzucker (Puderzucker) zum Bestreuen

1. Für den Palatschinkenteig alle Zutaten in ein hohes Gefäß geben, mit einem Mixer ca. 45 Sekunden mixen, bis der Teig eine cremige Konsistenz hat. Anschließend 5 Minuten rasten lassen. Aus dem Teig insgesamt ca. 8 Palatschinken backen. Dazu in einer Pfanne mit ca. 28 cm Durchmesser etwas Öl erhitzen, Teig eingießen, durch Drehen der Pfanne gleichmäßig dünn verteilen, goldbraun backen, wenden und fertig backen.
2. Den Backofen auf 200 °C Ober- und Unterhitze vorheizen und die Form befetten.
3. Für die Füllung Eiklar mit Kristallzucker zu cremigem Schnee schlagen. Butter, Staubzucker und Dotter schaumig rühren. Topfen, Zitronenschale und Vanillezucker glatt rühren und unter die Dottermasse rühren. Zum Schluss den Eischnee vorsichtig unterziehen.
4. Auf das untere Drittel jeder Palatschinke 3 EL Topfenfüllung mittig setzen. Abgetropfte Rumrosinen darüber streuen, Palatschinken einrollen und mit dem Schluss nach unten in die vorbereitete Form legen.
5. Für den Guss alle Zutaten in einen Messbecher füllen und mit einem Stabmixer mixen. Guss gleichmäßig über den Palatschinken verteilen.
6. Ca. 20 Minuten backen, mit reichlich Staubzucker bestreuen und warm servieren.

FILM AB! VANILLE-VARIANTEN

Urlis

MARMORGUGELHUPF

20 min · 50 min · 10 · Gugelhupfform Ø 22–24 cm

Zutaten

8 Eier, raumtemperiert und getrennt
200 g Kristallzucker
200 g weiche Butter
150 g Staubzucker (Puderzucker)
230 g Mehl, glatt
5 g Backpulver
1 Schuss Rum (oder Rumaroma)
25 g Backkakao

Butter und Mehl für die Form

1. Den Backofen auf 180 °C Ober- und Unterhitze vorheizen, die Gugelhupfform befetten und bemehlen.

2. Eiklar mit Kristallzucker zu Schnee schlagen. Butter, Dotter und Staubzucker schaumig rühren, mit dem Eischnee vorsichtig mischen.

3. Das mit Backpulver versiebte Mehl zusammen mit dem Rum oder Rumaroma unterheben. Ein Drittel der Masse in eine Rührschüssel geben und mit dem Backkakao vermischen.

4. Helle und dunkle Masse abwechselnd (hell-dunkel-hell) in die vorbereitete Form füllen. Dann einen Holzspieß entlang der Form durch die Masse ziehen, damit der Gugelhupf sein charakteristisches Muster erhält.

5. Masse ca. 50 Minuten backen. Danach ca. 5 Minuten in der Form auskühlen lassen, lauwarm stürzen und auskühlen lassen.

Vor dem Servieren mit Staubzucker bestreuen.

FILM AB! URLIS MARMORGUGELHUPF

DIESES REZEPT STAMMT VON MEINER UROMA UND WAR MEIN ALLERERSTES GERICHT.

[DANKE]

An dieser Stelle soll keine dieser aufgeblähten Danksagungen mit einer schier endlosen Namensauflistung stehen, die – ähnlich dem minutenlangen Abspann eines Filmes – sämtliche Mitwirkenden umfasst. Nein, ich möchte meinen persönlichen Nachspann gerne dafür nutzen, meiner Familie zu sagen, wie sehr ich sie liebe. Alles, was ich bisher geschafft habe, hängt von ihr ab und mit ihr zusammen.

Ich bin ein Familienbetrieb und ein Familienmensch. Denn ohne die Hilfe meiner Familie gäbe es die „Marke" Didi Maier gar nicht. Ich weiß, wie viel Glück ich habe, so eine Unterstützung zu erhalten. Ich fange hier – ganz klassisch – bei meinen Eltern an. Sie sind mein Fundament. Von meinem Papa habe ich ein gewisses Maß an Ehrgeiz und Pflichtbewusstsein gelernt, weil er mir diese Werte vorgelebt hat. Meiner Mama danke ich nicht nur dafür, dass sie meine Mama ist, sondern auch dafür, dass sie mir die Chance gab, meine Lehre im Betrieb zu machen und mich zu einem guten Koch zu entwickeln. Und auch danke für die Hühnersuppe, die sie mir immer kochte, wenn ich einen Männerschnupfen hatte (meistens sonntagmorgens nach der Samstagabenddisco). Ohne den Rückhalt meiner Schwiegereltern wiederum würde im Alltag gar nichts gehen! Die beiden sind die geduldigsten Menschen, die ich kenne und sofort zur Stelle, wenn Papa einmal zu viel Zeit in den Betrieben verbringt. Schach spielen, Tischtennis ... Von mir hätten sie nur Mensch ärgere dich nicht gelernt. Sie sind Familie.

Aber jetzt zu dem Menschen, der für mich die Welt ist: meine Frau Christina. Sie hat mich in meiner Entwicklung am stärksten geprägt. Ohne sie würde es den Didi Maier in der heutigen Form nicht geben. Sie hat es doch tatsächlich geschafft, aus einem Lausbuben einen Mann zu machen, der seine Ziele verfolgt und umsetzt (mit ihrer Hilfe natürlich). Meine Frau ist der entscheidende Faktor dafür, dass dieses Buch überhaupt entstehen konnte. Ihrer Meinung vertraue ich und ihre Ratschläge befolge ich (meistens jedenfalls). Unser Familienleben ist durch unsere beiden Burschen vollkommen. Sie füllen jeden einzelnen Tag mit frechen, lustigen und lebenswerten Momenten. Natürlich hat meine Frau es in diesem Drei-Männer-Haushalt nicht immer leicht. Wir halten sie auf Trab, während sie den Laden am Laufen hält. Ohne sie und unsere Söhne wäre ich nichts – oder vielmehr: möchte ich auch gar nichts sein!

Natürlich gibt es noch viele weitere Menschen, die mich unterstützt haben und die hier keine Erwähnung finden. Glaubt mir, ich bin für jeden von euch dankbar – aber das sage ich euch auch sehr gerne persönlich, wenn ihr mal auf ein Glaserl oder ein gutes Essen vorbeischaut! Ich weiß eure Unterstützung und Hilfe zu schätzen – denn ich bin überzeugt:

Alloan is ma gor nix!

[I DID IT MY WAY]

Geboren wurde ich am 16. November 1983 als drittes Kind von Johanna und Ditmar Maier. Ja, du hast richtig gelesen, Ditmar ohne e.

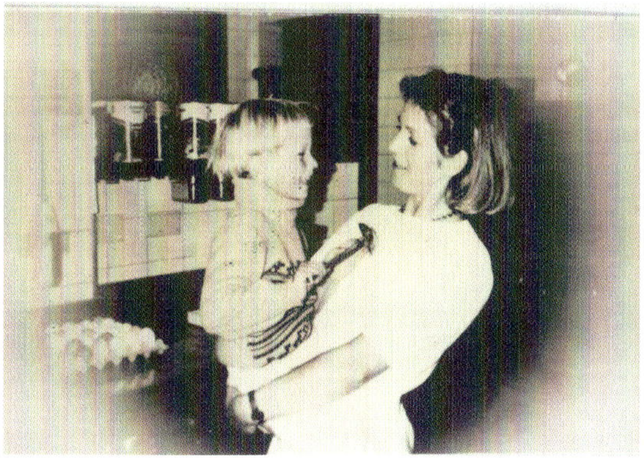

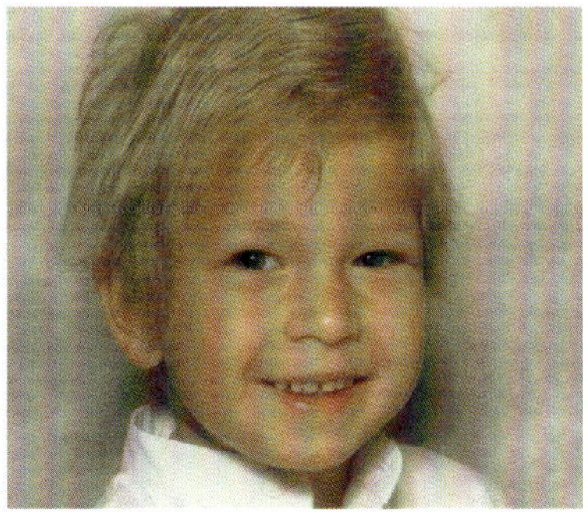

A siaßa Fratz, oder?

Relaxen war mir immer schon wichtig. Meine Devise: Nichts tun ist besser als mit viel Mühe nichts schaffen.

Weihnachten lief bei uns immer auf dieselbe Art ab: Unsere Eltern arbeiteten für die Gäste. Damit wir Kinder nicht vor Ungeduld platzten, behaupteten unsere Eltern steif und fest, dass das Christkindl nur dann kommen würde, wenn wir zwei Buben den Gästen beim Weihnachtsessen eine Geschichte erzählen. Ohne zu wissen, dass Erzählen eine Stärke von mir ist, habe ich mich vor den Gästen aufgepflanzt und munter drauflos geplaudert. Es war eine Erfolgsstory, die jedes Jahr ihre Fortsetzung fand.

Für Hotelprospekte wurde immer die ganze Familie ins rechte Bild gerückt. Damit meine Eltern und der Fotograf mich überhaupt bändigen konnten, drückten sie mir einen Kochdeckel als Schild und einen Löffel als Schwert in die Hand und machten mir weiß, dass ich als Ritter im Prospekt verewigt werden würde. Was ich jedoch nicht wusste, war, dass die richtigen Fotos eigentlich zwischen meinen Show-Einlagen gemacht wurden.

Ich bin ein Kind der Gastronomie. Da im Sommer das Hotel immer randvoll war, fuhr unsere Familie alle Jahre erst im Spätherbst auf Urlaub. Leider ist um diese Zeit auf Mallorca das Meer schon zu kalt zum Schwimmen, aber Sandburgen bauen ging immer. Damit trotzdem etwas Urlaubsflair aufkam, haben wir mit Hawaiihemden für Sommerfeeling gesorgt.

Ein Jahr habe ich in der Tourismusschule Hofgastein verbracht. Im Internat gab es die Regel, dass man nur dann über das Wochenende heimfahren durfte, wenn man sich unter der Woche halbwegs passabel benommen hatte. Ich wollte aber gar nicht heimfahren. Das hatte zwei Gründe: Erstens hätte ich zu Hause arbeiten müssen. Zweitens hatte ich ein Auge auf ein fesches Mädl geworfen. Mein erklärtes Ziel war also Revolution unter der Woche, um das Wochenende mit der Liebsten zu verbringen. Der Plan ging wunderbar auf, war allerdings nicht von Dauer. Irgendwann ist meinem Papa der Geduldsfaden gerissen: „Du machst die erste Klasse fertig und anschließend ein Sommerpraktikum im Betrieb." Was ich nicht wusste, war, dass Papa mich bereits als Lehrling angemeldet hatte.

Wir Kinder mussten im Betrieb mithelfen. Ausnahmen gab es nicht. Egal, wie lange die Party mit meinen Freunden am Vorabend auch gedauert haben mag. Als Teenager empfand ich das als total unfair.

Die Lehrzeit war relativ zäh. Denn wenn die eigene Mutter gleichzeitig die Chefin ist, sind Stress und Unstimmigkeiten Programm. Dazu kam, dass die Haubenküche meiner Mama während dieser Zeit so richtig Fahrt aufnahm. Eintritt bei Haube Nr. 2, Lehrabschluss bei Haube Nr. 4 — ich habe meine Lehrzeit quasi mit Gurkensalat begonnen und mit Hummer beendet!

Beim Salzburger Lehrlingswettbewerb erkochte ich die Goldmedaille und qualifizierte mich damit für den bundesweiten Wettbewerb, den ich wieder in Gold verwandeln konnte.

Das Gold ist mir in dieser Zeit in Form von jugendlichem Größenwahn ein wenig zu Kopf gestiegen. Glaubte ich doch tatsächlich, dass ich für weitere Wettbewerbe nicht mehr trainieren müsste. Prompt kam das Resultat – kein erster, auch kein zweiter, sondern „nur" ein dritter Platz. Dieser dritte Platz war für mich die wichtigste Lektion des Lebens: ohne Fleiß kein Preis

2009 wurde ich beim Nachwuchswettbewerb von Gault Millau zum Newcomer des Jahres gekürt. Die Lehre hat was gebracht!

Im Anschluss an die Lehre trieb es mich in die weite Welt hinaus. Meine Kochkünste habe ich unter anderem bei Starkoch Dieter Müller im Schlosshotel Lerbach, im Restaurant La Cabro d'Or in Les Baux-de-Provence, im Restaurant de Librije bei Jonnie Boer und im AAA 4 Diamond Beach House at the Westin Grand Cayman Seven Mile Beach Resort & Spa vervollständigt.

Irgendwann war es dann genug und es ging zurück in die Heimat, wo ich die nächsten zwei Jahre wieder im Restaurant meiner Mutter den Kochlöffel schwang und 2011 an ihrer Seite um die 4. Haube von Gault Millau kochte.

In Thailand durften wir die Königsfamilie kulinarisch verwöhnen, was mich bis heute mit Stolz erfüllt. Auf dem Foto bin ich mit Prinz Pamon Montri zu sehen.

Die schönste Zeit meines Lebens begann 2007 mit einem Kuss im Lift des Ronacher. Der Wunsch, den Ablauf einer Rezeption in einem 5-Sterne-Hotel kennenzulernen, hat mich in das Hotel meiner Schwester geführt. Damals plante ich noch, irgendwann das Hotel meiner Eltern zu übernehmen. Dort traf ich sie — Christina, die Liebe meines Lebens.

Christina und ich kehrten dann gemeinsam zurück in den elterlichen Betrieb, wo wir aber schnell erkannten, dass Jung und Alt nicht immer an einem Strang ziehen. Und so begann meine Karriere als Didi Maier im DIDIlicious.

Das **DIDIlicious** war das erste Baby, das 2014 zur Welt kam. Dieses Lokal steht für skandinavischen Style, sowohl beim Design als auch in der Küche. Es soll meine Küche widerspiegeln und zeigen, was ich in meinen Wanderjahren bei großen Küchenchefs gelernt habe. Das Credo ist: leistbare Haubenküche für jedermann.

Der Erfolg ließ nicht lange auf sich warten: Gleich im ersten Jahr erhielt ich eine Haube vom Gault Millau sowie Auszeichnungen von A la carte und Falstaff.

2015 kam **„The Bakery“** dazu, ein richtig gemütliches Lifestyle-Café mit urbanem Wohlfühlambiente, vielfältigen Frühstücks- und Brunch-Angeboten und einer hervorragenden Konditorei.

Sonst noch was?

Freilich – die Ideen gehen mir nicht aus. Es köchelt schon so manches neue Projekt im Kochtopf. Aber das ist eine andere Geschichte ...

Alle guten Dinge sind drei! Und deshalb haben wir vor kurzem das dritte Lokalkonzept — das **„Café Wernbacher by Didi Maier“** — aus der Taufe gehoben. Es ist sozusagen das Beste aus beiden DIDI-Welten, dem DIDIlicious und der Bakery. Eine richtig coole Innenstadt-Daybar, in der man tagsüber frühstücks- und lunchtechnisch bestens verpflegt wird, während zu späterer Stunde exzellente Weine und coole Cocktails locken.

[SPICE UP YOUR LIFE]

Kräuter und Gewürze begeistern seit Jahrtausenden Köchinnen und Köche aus aller Herren Länder. Eine kreative Gewürzküche sorgt für Raffinesse und immer neue Geschmackserlebnisse. Beim Würzen das richtige Maß zu finden, ist zugegeben nicht ganz einfach. Erstens ist die Intensität eine Frage der Qualität und zweitens eine des Geschmackes. Manche mögen es würziger, andere etwas dezenter.

Ich habe bei manchen Rezepten in diesem Buch Gewürzmischungen angegeben. Diese sind in den meisten Supermärkten erhältlich. Falls du Lust auf eigene Geschmacksexperimente hast, findest du hier ein paar aromatische Anregungen, die du selbstverständlich abwandeln kannst:

@ Kräutergewürz

Mischung aus Petersilie, Liebstöckel, Schnittlauch, Bärlauch, Thymian, Oregano und Salz

@ Bratkartoffelgewürz

Mischung aus Salz und/oder Rauchsalz, edelsüßem Paprikapulver, Kurkuma, Petersilie, Knoblauch und Oregano

@ Gulaschgewürz

Mischung aus Salz, edelsüßem und scharfem Paprikapulver, Kurkuma, Kümmel, Pfeffer, Ysop, Zwiebel und Knoblauch

@ Grillgewürz

Mischung aus Knoblauch, Bohnenkraut, edelsüßem und scharfem Paprikapulver, Rosmarin, Kümmel, Wacholderbeeren, Galgant, Piment, Muskatnuss und Steinpilzen

@ Fischgewürz

Mischung aus Salz, buntem Pfeffer, Petersilie, Thymian, Estragon, Rosmarin, Dill, Knoblauch und Zitronenschale

Während dieses Buch entstanden ist, war ich nicht faul und habe an weiteren Gewürzmischungen getüftelt. Wenn du daran Interesse hast, kannst du unter https://Didimaier.at/de/shop mehr darüber erfahren.

[REZEPTREGISTER]

[DAS TEAM]

Carolina Auer – die Food-Fotografin

Carolina ist eine strahlende, kreative Seele, die das Abenteuer und die Natur liebt. Genau das spiegelt sich in ihren Bildern, die von Natürlichkeit geprägt sind, wider. Es sind die Liebe zum Detail, das Festhalten des Momentes und das damit einhergehende Gefühl, die ihren Beruf für sie zur Leidenschaft machen. Sie und Carina Grissemann sorgen mit ihrer Firma Kitchen Story für professionelles Food-Styling und unvergleichliche Fotos.

Carina Grissemann – die Food-Stylistin

Die Jahreszeiten und den Reichtum der Lebensmittel im Rhythmus des Jahres genießen zu dürfen, macht für Carina den Reiz ihrer Arbeit aus. An ihrem Beruf liebt sie die Vielfältigkeit. Meist hat sie schon vor dem Fotografieren eine klare Vorstellung von Farbe, Form und Präsentation des fertigen Gerichtes.

Claudia Kaml – die Schreiberin

Claudia, Sprössling eines Kärntner Gastronomiebetriebes, wagte nach Abschluss ihres Wirtschaftsstudiums und Engagements als Marketing-Expertin bei internationalen Konzernen den Sprung in die Selbstständigkeit, indem sie in China ein Reisebüro gründete. Nach dem Motto „Möglichkeiten sind wie Sonnenaufgänge - wenn man zu lange wartet, verpasst man sie", heißt Claudia in Österreich zahlreiche Delegationen aus China willkommen.

Nach dem coronabedingten Tourismus-Lockdown kehrte die begeisterte Hobbyköchin zu ihren Wurzeln zurück und schreibt über ihre große Leidenschaft, das Kochen. Nicht nur als Co-Autorin war sie Didi eine große Hilfe, auch das Testen seiner Rezepte fiel in ihren Aufgabenbereich.

Jonathan Forsthuber – der Filmemacher

Immer auf der Suche nach spannenden Perspektiven versucht Jonathan die Protagonisten vor seiner Kamera natürlich und authentisch in Szene zu setzen. Vor über zehn Jahren hat er sein Hobby zum Beruf gemacht und sich als Videoproduzent mit seiner Firma Peak Motion Films selbstständig gemacht. Für dieses Buch hat er gemeinsam mit Didi alle Videoclips gedreht